朝日新書
Asahi Shinsho 971

宗教と政治の戦後史

統一教会・日本会議・創価学会の研究

櫻井義秀

朝日新聞出版

はじめに

政治と宗教の関係があらためて問われています。

2022年7月8日、安倍晋三元首相が、統一教会に恨みをいだいた山上徹也被告によって銃撃され、殺害されました。

山上被告の幼少期に母親が統一教会（2015年から世界平和統一家庭連合と改称）に入信し、1億円を超える献金をしたことで家族は経済的に困窮します。彼は大学へ進学せずに海上自衛官となりましたが、「きょうだいに生命保険金を渡したい」と自殺未遂を起こした後に退職し、非正規職を転々として40代になりました。自分の人生を行き詰まらせた統一教会に恨みをいだいていた彼は、安倍元首相が統一教会関連団体である天宙平和連合の集会に祝電やビデオメッセージを送っていたことを知り、統一教会のパトロンのように見えた安倍元首相に怒りをぶつけたのです。

青年のテロリズムによって、統一教会に対する社会的対応が一変します。

この事件以来、統一教会に対する報道が集中豪雨的に相次いだことで、教団の関係団体が自民党政治家に選挙協力を行い、統一教会が推進したジェンダー・バックラッシュ（ジェンダー平等への反対運動）や家庭教育に共鳴した国会議員や地方議員、自治体関係者が多数にのぼることが判明しました。

統一教会が1980年代後半から霊感商法や高額献金、正体を隠した勧誘活動などで社会問題になっても政治や司法の対応は鈍く、メディアも報道を控えてきました。その背景に政治と宗教の癒着があったのではないかと大きく問題化したのです。

統一教会の問題が再浮上する数年前、2016年に日本会議に関する本が相次いで出版されました。当時の安倍政権や安倍派議員とも関係が深く、憲法改正や歴史修正主義を進めようとした日本会議が、日本の右傾化の一翼を支えるものとして論じられたのです。

この議論に先立つ10年ほど前から、インターネット上で精力的に活動するネトウヨ（ネット右翼）や、在日コリアンをはじめとする在日外国人に対して誹謗《ひぼう》中傷のデモ活動を行う「在日特権を許さない市民の会（在特会）」の活動が始まっていました。

2012年に尖閣諸島を国有化した際、中国政府が強く反発し、中国各地で反日デモが勃発し、東アジア情勢は緊迫化しました。日本の経済がまだ中国と拮抗《きっこう》していた時代に政治的摩擦が激しくなり、日本ではネトウヨや右派団体の活動が活発化し、そこに安倍政権を支える社会層が生まれているのではないかと考えられたのです。安倍政権と右傾化が時代のキーワードでした。

靖国神社に公式参拝がなされた小泉政権と第2次安倍政権の時代、選挙に強い2人の首相は清和政策研究会（安倍派、2024年に解散）に属し、比例区で「チルドレン」と呼ばれる新人議員を擁《よう》して議席数を伸ばしました。

強い自民党と協力関係を結んだ公明党は、民主党政権時（2009-2012）を除き、1999年から現在まで政権与党として国家権力の中枢にあります。公明党は2024年7月時点で59名の国会議員と2868名の地方議員を有する政党であり、創価学会から盤石の支援を受けています。自民党が国政選挙を勝ち抜くためには、地方区で公明党との選挙協力は欠かせません。安倍政権を支えてきたのは公明党＝創価学会でもあったのです。

このように考えてみると、安倍政権を軸に自民党は宗教団体や思想団体と深い関係を維持し、安倍首相や自民党議員の保守的な政治思想や政策理念にこれらの団体が影響をおよぼしていたことが推測できます。

日本は憲法で政教分離を規定していますが、これは政府や自治体が宗教行為や宗教活動を行わないこと（特定の宗教に便宜供与しないこと）に留まっています。選挙活動や政策過程において政治と宗教の関係は極めて近く、特定宗教が権力中枢と近い関係にあることは周知の事実でした。

しかし、最近まで政治家と教団の関係はことさら問題化されてきませんでした。そのことで市民の信教の自由が制限を受けたり、公共性や公益が侵害されたりすることはないとみなされてきたからです。しかし、果たして本当にそうなのか、というのが本書の問いです。

公明党が政権与党になって以降、政治と宗教の関わりにおいてポジティブな側面が描かれることはないにしても、ネガティブな側面を描き出すメディアや研究がめっきり減りました。政治と宗教が組織レベルで関係を持つことでどのような結果が生まれているのか、メディアやアカデミズムから批判的に検討される機会が極めて少ないのです。

このままで国民の公益が本当に守られるのでしょうか。

なぜ、政教分離を非常に強く意識していたはずの日本で宗教と政治が結びつき、こうした現象を批判的に指摘する言説が減ったのでしょう。私は3つの理由を考えています。

1つ目は、創価学会＝公明党が教団宗教としては一人勝ちの状態であり、政権与党として政治力を持ったことで、メディアやアカデミズムは批判的な言説や論説を展開したときに受ける反発を警戒してしまったことです。しかし、日本政治のキャスティングボートを握っている教団宗教に対して建設的な批判すらしなくなっては、この大船は進路を誤るかもしれません。

2つ目は、55年体制の崩壊以降、政治的争点が拡散し、無党派層の動向が選挙結果を大きく左右するようになると、自民党は風をおそれて固定票を有する宗教団体との距離を縮め、業界団体の一つとして遇するようになったことです。政治にアクセスするパイプをつかんだ教団が、より強力に選挙に信者組織を動員する体制に変化したのです。本書ではこのような宗教を「政治宗教」と呼びます。

3つ目は、政治化する宗教の一方で、「宗教化してしまった政治」です。日本の右傾化として批判されてきたナショナリズム的な政治思想や歴史修正主義、および保守的な家族観は、「失われた30年」と評される時代に生まれました。経済やイノベーションがふるわず、財政再建や人口減少で将来展望が望みにくい日本において、保守的な価値観は政治家や市民にプライドを与える機能を果たしました。日本国民であるだけで、日本文化を継承するだけで、「すごい日本人」になれるかのような幻想をふりまいたのです。こうした考え方の骨格を提供したのが、日本会議のような思想団体、および統一教会関連団体でした。

しかし、果たしてこのような政治のあり方で、未来の日本は明るくなるのでしょうか。政治と宗教は、緊張感を持って関係を維持しないと、政治化する宗教や宗教化する政治を生み出します。そして、公共性や国民の公益にそぐわない効果を生み出すでしょう。

政治と宗教の関係は、歴史的に形成されたものであり、理想論や憲法だけでかたちを整えられるものではありません。現実の政治と宗教の関係に目をこらしながら、信教の自由を制度的に保障する政教分離のあり方を考えていきましょう。ひとりひとりの眼が必要なのです。

宗教と政治の戦後史

統一教会・日本会議・創価学会の研究

目次

図版　美創

第1章

信教の自由と政教分離

1　政治権力に近づく宗教

「政治宗教」3つの特徴

本書では「政治宗教」を、「宗教の教義や信仰に基づいた社会を実現するために、政治家や政党に関わったり、自ら政治組織を立ち上げたりして政治権力を活用する宗教」と考えます。

日本において大半の宗教は、政治権力とは距離を置き、政治的関心を戒めるところもあります。教団のトップや信者のなかには政治志向や関心が高く、個人的に政治家や政党に献金を行う場合もありますが、大半の信者は所属教団の指導者のお願いよりも、地元や職場の関係、自分の政治志向に基づいて投票行動をするでしょう。ですから、政治宗教と対立する概念を「非政治的宗教」とまでいう必要はないかもしれません。

政治宗教は次の3点において他教団と異なっています。

①　社会のあり方を組織の理念に基づいて再編していくことを宗教活動の目標とし、自らの理念の絶対的な正しさを信じて他組織や他教団に排他的に対応することが少なくあ

りません。もちろん、どのような宗教団体も自らの正しさを主張しますが、世代を経るごとに体制に順応し、社会へ適応していき、社会の一員としてふるまうようになります。このことを「既成宗教化」といったりします。

② 組織の集票力を政治的な力に転換し、政治への参画をめざすことです。組織の指導者が、信者や組織の会員に特定の政治的理念や政治団体への支持を強力に依頼し、会員たちが政治的集会や投票活動に動員され、場合によっては組織票と呼べる強力な票田を形成します。日本共産党を除く多くの政党において、政治家は支持者を求めて信者数の多い教団に詣《もう》でます。そこで生まれる互恵的な関係程度では政治家が動いてくれないとして、自前の政治組織を持ち、支援を求める政治家を管理・統制しようとするのが政治宗教です。

③ 運動や組織のエネルギーを政治への参画とその果実から得ようとするか、実際に得ていることです。政治宗教では、①の志向が強いために、政治活動が宗教組織の負担になったり、妨げになったりするという発想が生まれません。むしろ、それぞれの政治宗教独自のやり方で政治に関わり続けることを、宗教組織の形成や発展にもつなげて

いるのです。実際に、②の政治との交渉過程には組織としても信者としても相当の工夫と根気、情熱が必要であり、一般の宗教人のなし得るところではないかもしれません。

以上の3つの特徴を持つ宗教団体や運動体を、本書では政治宗教と呼びます。それぞれの特徴は程度問題であり、部分的にそのような特徴を持つ宗教は少なくないかもしれません。しかしながら、3つの特徴を同時に満たす教団宗教は数えるほどしかないのです。

この本では、政治宗教として統一教会と国際勝共連合および政治関連団体、日本ナショナリズムの啓蒙普及団体と日本会議、そして創価学会と公明党を取り上げます。

ここでエクスキューズを挟んだほうがよいかもしれません。

私がこの3団体を同列にとらえているのか、と疑問を持たれる人が多いでしょう。実際、組織の形態だけでいえば、統一教会と創価学会は宗教団体であり、宗教法人でもありますが、日本会議は政治団体、会員制の任意団体です。団体規模では、統一教会は信者数2～3万人、日本会議は会員数約4万人と同規模ですが、創価学会は公称827万世帯と二桁違います。

政治志向でいえば、国際勝共連合は反共運動やジェンダー・バックラッシュの先陣をきり、日本会議の保守的国家観や家族観と重なる部分も出てきますが、統一教会はコリア・ナショナリズム、日本会議はジャパン・ナショナリズムという違いがあります。創価学会は日蓮主義でありながら、国を超えた仏教運動を展開しています。メディアの扱い方や社会的評価については言及しませんが、まさにこの志向の部分において、断固同列ではありえないと考える人が多いでしょう。

私は、この3団体は同列ではないが、政治宗教の代表的な例という点においてそれぞれに論じる価値があると考えています。創価学会＝公明党が政治宗教であれば、幸福の科学＝幸福実現党も政治宗教です。どちらも政党組織を持ち、地方議会に政治家を輩出しています。しかし、本書では日本の政治宗教を網羅的に取り上げるのではなく、異なる社会的位相にありながらも政治宗教という特徴を持つ組織が生まれた背景やその社会的活動に着目することで、現代宗教や現代日本の特徴を描出することに努めます。

ただし、特定教団を政治宗教と呼ぶことは、その教団が政教分離の原則に反していると批判しているようなものではないか、という問いには丁寧に答える必要があります。

公明党＝創価学会と政教分離

本書は、3つの諸団体ともに、政教分離を定めた憲法に違反しているという主張はしません。宗教団体が政治志向を持つことや、政治団体・政党を持つことの是非を直接問おうとも考えていません。そうではなく、分析概念として政治宗教という言葉を使うことによって、戦後の日本社会においてなぜ政治権力を足がかりにして教勢拡大を図る宗教が生まれてきたのか、そのことによって日本社会にどのような問題が生じ、現代日本の課題が浮かび上がってきたのかを、さまざまな局面から観察できるという点のみ主張したいのです。

形式上、宗教組織と政治組織が分かれているとしても、支持する信者や構成員がまったく同じであれば、宗教理念が政治組織の活動にも影響を与え、そのような政党が政治過程に参加することで、当該宗教に属さない人たちの思想・信条の自由が抑圧されるのではないかという懸念は生まれます。やや原則論的な話になりますが、憲法と内閣府の法解釈からこの問題に暫定的に答えておきましょう。

憲法第19条では思想・良心の自由、同第21条では結社・言論の自由が保障されています。さらに、同第44条で国会議員と選挙人を信条によって差別することを禁じている以上、宗教人が政党を結成し、政治参加することを憲法は認めているとみなすことができます。ただし、宗教的理念を前面に出した政治家や政党が特定の宗教団体に利するような政治活動を国政や地方政治において行うことがあれば、関係する宗教団体は権力行為を行ったものとみなせるので、政教分離の原則に違反しているといえます。

2014年6月16日、自民党の鈴木貴子衆議院議員（当時は無所属）から次のような質問が出されました。当時内閣官房参与を務めていた飯島勲《いさお》が訪米先の講演において、「集団的自衛権の政府解釈変更に関連し、宗教と政治との関係について定めた日本国憲法の『政教分離』について、自民党と連立政権を組む公明党と、同党の支持母体である創価学会との関係を指し、『内閣によって法制局の答弁を一気に変えた場合、政教一致ということが出てきてもおかしくない』との発言」があったことから、「現在自民党と連立政権を組み、政府と一体となっている公明党と、その支持母体である創価学会との関係は、『政教分離』の原則に照らして適切なものであるか。公明党と創価学会は『政教一致』の関係にあるか。政府の見解如何」と質問主意書を提出したのです。

同月24日、安倍晋三内閣総理大臣の名前で内閣府は、「いわゆる政教分離の原則は、憲法第20条第1項前段に規定する信教の自由の保障を実質的なものにするため、国その他の公の機関が、国権行使の場面において、宗教に介入し、又は関与することを排除する趣旨であると解され」「一般論として申し上げれば、憲法の定める政教分離の原則は、先に述べたような趣旨を超えて、宗教団体等が政治的活動をすることをも排除している趣旨ではなく、また、憲法第20条第1項後段の規定は、宗教団体が国又は地方公共団体から統治的権力の一部を授けられてこれを行使することを禁止している趣旨であって、特定の宗教団体が支援する政党に所属する者が公職に就任して国政を担当するに至ったとしても、当該宗教団体と国政を担当することとなった者とは法律的に別個の存在であり、宗教団体が『政治上の権力』を行使していることにはならないから、同項後段違反の問題は生じないと解してきている」と回答しています。

一人の人間が宗教団体と政治団体に所属し、宗教人と政治家という両面を備えていたとしても、法律上別個の存在であるか、立場を変えて活動するのだから問題ないというものです。しかし、靖国神社参拝による宗教施設や儀礼に対する権威づけなど、政治家の行為が宗教団体を利する可能性はあり、選挙支援など宗教団体の行為が政治家の政治活動を利する可能性も当然にあります。

実際に、双方が企図を持って宗教や政治に介入し、関係者に限定された利得を得ている可能性は濃厚にあり、ここにこそ政教分離の実質的な問題があるのです。本書では、このような関係を用いながら政治参加を図ろうとする宗教団体を特徴づけるために、政治宗教という概念を用います。

ここで信教の自由と政教分離がどのような関係にあるのかが重要な論点となってきたので、次節ではこの点を説明しましょう。

2　判例でみる政教分離

憲法における信教の自由

日本国憲法第20条では、「信教の自由は、何人に対してもこれを保障する。いかなる宗教団体も、国から特権を受け、又は政治上の権力を行使してはならない。②何人も、宗教上の行為、祝典、儀式又は行事に参加することを強制されない。③国及びその機関は、宗教教育その他いかなる宗教的活動もしてはならない」と規定されています。信教の自由と政教分離の原則が双方とも盛り込まれているのですが、これは信教の自由の制度的保障として政教分離があると考えられているためです。

信教の自由は、憲法第19条の「思想及び良心の自由は、これを侵してはならない」と並んで基本的人権の中核をなします。具体的には、信仰内容の自由、宗教的行為の自由、宗教的結社の自由があり、これがあるために宗教団体の設立や布教行為などの社会的活動が認められるわけです。

ただし、信仰の内容や行為が自分だけに留まるものであればいかなる制限も受けないのですが、対人的・対社会的になったときには、相手の信教の自由に配慮した宗教行為や布教行為の内在的制約が考慮される必要があります。つまり、信者でない人に祈禱《きとう》やまじないを行ったり、話をすることに合意していない相手に布教目的で長時間にわたって膝詰め談判したりするわけにはいかないということです。「何人も、宗教上の行為、祝典、儀式又は行事に参加することを強制されない」ことが信教の自由の大前提です。

そのうえで信仰が強制されない権利を保障するために、個人に対して圧倒的な権力をもって強制することが可能な国家に対して、宗教的教化を学校教育や公的活動として行うことを禁じています。教師が特定の宗教的信条に則った教育を行えば、子どもは容易に感化されるか、教師と異なる信仰を持つ子どもの強制されない権利が侵害されるのです。また、行政職や立法府で活動する政治家が公的活動として宗教行為を行うと、その宗教が公的なものとなってしまうために、それ以外の宗教の信仰者に文化的・規範的な抑圧が加わると考えられます。

信教の自由は、強制されない状態とセットで人権の概念を構成しています。強制を防ぐ最大の制度的保障が政教分離の原則です。いってみればこれだけのことですが、日常生活や社会生活において、思想・信条の自由や信教の自由の行使として限界を超えているような例がまま見られます。宗教的信条に民族主義やナショナリズムが入り込むと、ヘイトスピーチ（民族や性などに基づいて特定の個人や集団を標的とする攻撃的言説）や差別的行為、暴力として顕在化することがあります。信教の中身を構成する神話・歴史観・世界観がどのようなものであろうと、このような外形的行為として顕在化するようなものであれば、批判されてしかるべきです。

あるいは教団内部において、指導者や組織的立場の上位者が下位の信者に対して絶対的忠誠や服従を誓わせるような権力の行使があった場合、それが信仰的指導や信仰的従順と呼ばれるようなものであったとしても、強制の要素がないのか吟味される必要があります。エホバの証人の子どもたちが、親から度を超えたむち打ちのしつけを受けたり、輸血拒否や学校行事への不参加を信仰告白として促されたりしているような状況は、人権としての信教の自由の観点から批判的に検討されるべきことがらです。言い換えれば、人権侵害に相当するとみなされるような信教の自由の行使はありえないということです。

この点を政教分離に関わる訴訟を追うことで考えてみましょう。

政教分離を問う訴訟

憲法第89条には、「公金その他の公の財産は、宗教上の組織若《も》しくは団体の使用、便益若しくは維持のため、又は公の支配に属しない慈善、教育若しくは博愛の事業に対し、これを支出し、又はその利用に供してはならない」とあります。

津地鎮祭事件（1977年7月13日最高裁）は、行政による地鎮祭の実施が、政教分離規定の諸条項に反する違法な行為にあたるかどうかを争ったものです。原告側が、公金を地鎮祭に支出することは行政が特定宗教に便宜を図っているものとみなされ憲法第20条と第89条に反すると述べたのに対して、被告の行政・神道界側では、地鎮祭は習俗行為であり宗教行為ではないと述べました。

最高裁判決では、宗教行為を「行為の目的が宗教的意義をもち、その効果が宗教に対する援助、助長、促進又は圧迫、干渉等になるような行為をいう」と解釈し、地鎮祭の挙行によって神道を扶翼《ふよく》するような効果はなく、違憲ではないと判断しました。宗教行為が何かを定義することが難しいために、いわゆる「目的効果基準」という補助線を引くことによって、そのことで特定の宗教に利したり不利益になったりするようなことがあったかどうかから宗教行為であるかどうかの判断が示されたのです。

自衛官合祀《ごうし》事件（1988年6月1日最高裁）では、自衛隊職員や隊友会（自衛隊員のOB組織）が殉職自衛官の妻の了承を得ずに護国神社への合祀手続きを進めたことが妻の信教の自由の侵害に相当するかどうかが争点となりました。地裁・高裁ともに自衛隊職員の行為は国家公務員として行った宗教行為であるとして違憲の判断を下したのですが、最高裁では下級審の判決を覆して、自衛隊職員は事務作業をしたままでで、私的団体である隊友会が合祀をしたのだから国は関係がないし、キリスト教徒である妻の精神的苦痛を認めるとしても隊友会やほかの遺族の意向にも寛容であるべきだとしました。

ここで「宗教的寛容」というと信教の自由が争点となってしまうので、曖昧な「寛容」を持ち出さざるをえなかったのでしょう。しかし、護国神社への合祀は、慣習とはいえない神道式の追悼儀礼であり、しかも、靖国神社への合祀と並ぶ近代国民国家への殉難者顕彰という政治的意義が付随するものです。この点が曖昧にされた判決に対して法曹界や宗教界から批判が出ました。

そのほか十数例の裁判では、高裁や最高裁において政教分離の規定違反ではないという判決が出ており、裁判のなかで被告側が、地鎮祭や玉串奉奠《ほうてん》などの儀礼は国民の文化的・道徳的基底をなすがゆえに特定の宗教ではないとする戦前の国家神道的主張を展開しました。この種の主張は、近年でも日本会議などによる日本人の民族性・精神性の主張に重なっています。

地鎮祭や忠魂碑移設への公金支出をめぐる訴訟では、当該行為の宗教性や参加者・関連団体の宗教組織性、および特定信仰の宣揚《せんよう》など宗教的効果の有無が議論され、目的効果基準の枠組みで違法性が問われました。市有地を神社敷地の一部として連合町内会に貸していた空知《そらち》太《ぶと》神社事件（2010年1月20日最高裁）では、氏子《うじこ》集団による地域の伝統行事という主張に対して最高裁が神道式の行事と認め、管理者である市の宗教施設撤去義務を認めて原審差し戻し判決となりました。従来の判決の逆転です。

この判決の意義は大きく、全国に多数散在する公有地にある村社や神社の灯籠、公道にまたがる大鳥居の扱いなどに大きな影響が出てくるでしょう。

次に、都市公園内の孔子廟《こうしびょう》に対して敷地使用料を免除していた那覇孔子廟事件（2021年2月24日最高裁）では、「久米崇聖会《くめそうせいかい》」という渡来人末裔《まつえい》の組織に対する便宜提供など多角的な視点から判断して、観光施設化して一般に開放しているわけではない儒教施設に公的支援を行うのは違憲と判断しました。

空知太神社事件と那覇孔子廟事件は、従前の国家や行政が行った行為の正当性を後づけするような最高裁判決ではなくなってきたという点で注目されますが、宗教行為と伝統行事や文化的慣行との境界に関して明確に基準が定められたわけではなく、その時々の判断がなされている印象があります。

また、合祀訴訟に加えて、知事の大嘗祭《だいじょうさい》参列事件（2002年7月11日最高裁）、天皇の即位礼に国費が支出されていることへの国家賠償請求訴訟（2024年1月31日東京地裁）、および内閣総理大臣の靖国神社参拝に対する国家賠償請求訴訟（2006年6月23日最高裁）のような事件では従来どおり、国に政教分離違反はないという判決が出ています。

憲法第89条の要点は、公金の支出は宗教団体の便益や維持、もしくは、公の支配に属さない事業には認められないというところにあります。公人としての政治家が護国神社や靖国神社へ便益を図ったのか、それとも戦没者追悼という公に認められる範囲での儀礼参加に留まるのか。あるいは天皇の代替わり行事が伊勢神宮や天皇家に伝わる独特の祭礼として行われたときにどの程度公的なものとして日本国民に受けとめられるのか、それとも特定の宗教文化について利便性を提供したがためにそのほかの宗教に属している国民が精神的圧力を受けることになったのか。そうした問題が、住民訴訟や国家賠償請求訴訟のたびに検討されることになります。

靖国神社問題

政教分離や信教の自由をめぐる一連の訴訟は、国家（行政、自治体の首長、首相）が、特定の宗教団体に便宜を供与することで国民の信教の自由が侵されているという構図でした。原告は地域住民、市民、当事者になり、被告は自治体か国です。

国家対市民という構図が生じてきた第一の要因は、自民党による靖国神社国家護持法案の5度（1969、1970、1971、1972、1973）にわたる提出があります。日本遺族会などの嘆願署名を受けて、靖国神社を宗教法人から特殊法人とし、政教分離に反しない形で運営経費を国が負担するという案でしたが、いずれも審議未了で廃案になりました。その間、全国のキリスト教会を中心に仏教界や新宗教界においても靖国法案阻止運動が展開され、市中の抗議集会やデモ行進が見られ、当時の学生運動や労働運動が活発であった時代に自民党が強行突破することができなかったのです。

国家護持がダメならと首長の公式参拝を求める動きが生じ、これへの反対運動が玉串奉奠に対する公金支出の違憲訴訟などにつながっていきます。戦後の日本において政教分離の最大の課題は、戦前に国体と天皇制の崇拝を国民に求めた国家神道という非宗教の精神的道徳をいかにして押さえ込み、諸宗教の信教の自由を確保するのかにありました。そのために、首長の靖国神社・護国神社公式参拝に対する批判や訴訟を伴う反対運動は、戦後日本人の歴史認識をめぐる問題でもあったのです。

近代国民国家の殉難者として祀《まつ》られた人々は軍人・軍属であり、戦場からの離脱者（脱走兵）や戦禍の被災者、植民地支配の犠牲者は含まれていません。そこに日本の近代史における国家総動員体制や植民地主義の問題を見て国のあり方を反省したい人々は、戦没者への追悼や哀悼を示す場としての靖国神社や護国神社を公共的な施設として認めることはできなかったのです。

靖国神社・護国神社が、民間の一宗教施設として神道式の追悼儀礼や合祀をそのやり方に賛成する人々とともに行っている限り、それは公的な問題になりませんし、他宗教が云々すべき事柄でもありません。しかしながら、神社界の声以上に政治家や自治体の長、公務員（自衛官）が自らの愛国心を誇示する道具として宗教施設に公金を支出するのであれば、それが認められないことは明白です。

以上、国家や公的機関が政教分離に違反し、信教の自由を侵害するとされた訴訟を見てきましたが、一方で特定の宗教団体が信者や一般市民の信教の自由を抑圧、もしくは侵害することはないかについても検討する必要があります。一例として、統一教会に対してなされた「違法伝道訴訟」から考察します。

統一教会に対する「違法伝道訴訟」

違法伝道訴訟とは、統一教会に勧誘された元信者が原告となり、統一教会が原告を違法に勧誘し、違法な活動に従事させた結果、原告が受けた精神的・物質的被害の賠償を請求したものです。2001年6月29日、札幌地裁は統一教会の正体を隠した伝道により、元信者20名が勧誘・教化され、高額の物品購入や献金を強要された事実を認定しました。札幌高裁は2003年3月14日に原審を支持して被告側の控訴を棄却、最高裁は同年10月10日に上告を棄却しました。

判決文では、信者に「宗教性や入信後の実践内容を隠し信仰への隷従を導く」布教・教化は許されないと明言しています。実際に統一教会は勧誘時、①統一原理の宗教性を秘匿したまま、神・霊界といった神秘的領域の事柄を事実として教え込み、②信者になった後に従事する経済活動（マイクロ隊と呼ばれる珍味売りやいわゆる霊感商法と呼ばれる姓名判断・家系図診断など）も秘匿したまま、③家族や友人・知人から隔離された状態で教化する統一教会のプログラムは、④本来、健全な情緒や判断能力が維持された状態でなされるべき信仰選択の自由を侵害する不正で不当なもの、とまで判決文は言及しているのです。

勧誘・教化の局面において、勧誘者と市民・学生は一対一で対峙しコミュニケーションを行っているように見えますが、実際は勧誘者・教化者には教団というバックが控えており、勧誘に応じないものには上司やスタッフがあの手この手で勧誘を執拗《しつよう》に試みます。宗教的知識や社会的知識においても優位にある者が、統一教会は実際に何をする宗教なのかという最も肝心な情報を隠したまま勧誘活動を行うことは、被勧誘者を著しく不利な状況に追い込みます。知識・権力の非対称的な関係において相手の弱みにつけ込むことは社会的正義に背くものと裁判所は判断しました。

統一教会は違法伝道訴訟において、裁判の不当性を主として宗教行為への無理解と、司法の宗教行為への介入の2点から批判しました。しかし、宗教行為であったとしても、個人の自己決定を阻害したと認識される行為は社会的に許容されないのであり、「人権」や「社会的相当性」から宗教行為が評価されたといえます。

政教分離や信教の自由は憲法に規定された人権の中核であり、それが侵害されていると判断された局面において当事者や法律家が人権の回復を申し立ててきました。しかしながら、専門家が問題とした政教分離（国家と主流派宗教）の局面と、市民感覚で問題だと思う政教分離（政治と宗教）には齟齬《そご》が見られます。その点から、日本の政治過程における政治と宗教の関係に考察を進めていきましょう。

3　「政教癒着」の背景

宗教は政治に関わるべきではないのか

大学の講義で学生に政教分離とは何かと尋ねたり、市民集会などで政治と宗教との関係を問うたりすると、「政教分離は厳格になされるべきで、政治が特定の宗教に利便性を図ったり抑圧したりしないのはもちろん、宗教も政治に関わるべきではない」という意見が非常に多く聞かれます。

公共的な空間（学校・病院・役所など）には宗教が持ち込まれるべきではないという理解は、教師・医療者・公務員にはほぼ常識とされているのではないでしょうか。もう少し丁寧にいえば、戦前のように国家神道（天皇制と国体の崇拝）の強要によって軍国主義体制に巻き込まれていった記憶を持つ世代は、先に述べた靖国神社問題には敏感です。

ところが、すでに宗教は現実の政治過程に参画しています。法律家や政治家は、先の内閣府による創価学会＝公明党に対する見解のように、政教分離が問題にしているのは国家と教団の分離であるといいます。国家が特定宗教に対して抑圧したり便宜を図ったりして信教の自由や公平性を害しない限り、宗教団体が政党を作り、政治家が宗教人でもあることに問題はないというのですが、この説明に釈然としない人は多いのではないでしょうか。

人間交際の常として、理念や利害の共有から始まり、具体的におたがいさまのやりとりがないとは考えられないからです。地域住民や業界団体、組合の支援を受けた政治家が、支援者に対して公共事業やプロジェクト、および各種補助金などの手柄を語らないでしょうか。同様に、特定の教団から支援を受けた政治家が、お礼としてなにがしかの便宜を支援者に図ることがないのでしょうか。支持基盤を度外視して天下国家のために一身を捧げた政治家が名声を高め、選挙に勝ち続けているのでしょうか。それとも恩知らずと罵られ、支援や後援を失わないようにお返しをしているのでしょうか。

日本において政教分離の議論は、政治と宗教の間で種々の関係があったとしても、結果として信教の自由を抑圧された人がいるのかどうか、もしいないのであれば、それは政教分離に反しているとはいえないのではないかという結果からの推測が主流です。原因としての政治と宗教の間に何らかの関係があれば、政策にも影響が出ているのではないか、といった政治過程の問題はスルーされている印象があります。

宗教はどのように政治に関わるのか

現代日本における政治と宗教の関係としては、いくつかのパターンが考えられます。まず、政治に関わらない宗教としての「非参加型」。ここに属する教団が最も多いでしょう。そして、政治に直接的・間接的に参加することを志向する「参加型」です。ここでは「参加型」に絞って、さらに紹介しましょう。

宗教団体が政治に参加する場合、以下の3つのパターンに分類されます（中野、2003：塚田、2015）。

①　支援・後援型

伝統宗教・新宗教ともに、戦後から1950年代初め頃まで自教団から要職者を政治家として議会に送り込んできましたが、各教団とも数名におよばず、会派を結成して議会内活動を行うこともままなりませんでした。そのために1960年頃までに自教団の理解者である政治家を支援・後援することに政治参加の方針を転換したのです。

現在、伝統宗教および新宗教、日本会議などの保守的な政治団体に加盟する宗教者たちもこれに属しており、宗教者個人として政党に数万円から数百万円の政治献金を行い、議員個人の政治資金収支簿（総務大臣届出の国会議員関係政治団体の収支報告書など）に寄付者として名を連ねる宗教家も少なくありません。

② 直接参加型

創価学会は1961年に公明政治連盟を結成し、1964年に公明党を結党します。1965年に参院選（11人当選）と東京都議選（23人当選）、1967年に衆院選（25人当選）と政治進出を果たしました。1983年には衆院選で59議席を確保し、現在まで創価学会は政治と宗教を教団活動の両輪としています。自公政権になってからは選挙協力として自民党の支援も行うので、①の役割も担います。

創価学会以外に直接的な政治参加をめざした教団としてオウム真理教がありました。1990年の衆院選で真理党を結成しましたが、教祖・松本智津夫以下25名全員の供託金が没収されるほどの惨敗でした。幸福の科学は２００９年に幸福実現党を結成し、公認候補から国会議員を輩出してはいませんが、市区町村議会ではこれまで50名以上の議員を当選させています。

③　隠密・非公然型

統一教会は１９６８年に国際勝共連合を設立します。地上天国実現の宗教活動と反共の政治活動を行い、自民党の保守政治人脈（岸信介以下、安倍家3代と清和会）に食い込んできました。教団自体は政治の前面に出てくることはありませんが、無償の秘書や選挙ボランティアを提供することで国会議員や地方議員と関係を結び、全国の国会議員、都道府県の議員、知事を対象に実施したアンケート調査では国会議員１５０名、地方議員２９０名、知事7名が接点ありとの回答でした（「朝日新聞」２０２２年9月4日）。

「隠密・非公然型」としたのは、統一教会が国際勝共連合以外にも国際ハイウェイ財団、平和大使協議会、世界平和女性連合、ピースロード実行委員会といった数十におよぶ関係団体を駆使して国会議員、地方議員、首長にアプローチし、「統一教会とは知らず、祝電の送付、会議での祝辞などした」という政治家の弁明を頻発させているからです。

中野は①を伝統宗教と既成宗教化した新宗教、②を創価学会の例としており、塚田は①を（間接的な）政治参加型、②を（直接的な）政治進出の教団としています。私は、①と②を外部から容易に観察可能な公然型と、関係を秘匿しながら政治的影響力を求める非公然型のタイプに分けることも可能ではないかと考えます。

以上が、政党を媒介した政治参加型宗教のパターンですが、政党ではない政治団体や財団法人を通じて社会的発言を積極的に行う宗教関連団体もあります（粟津、２０１７）。粟津は上記のうち②に加えて、次の２つをあげます。

④　政治的ロビー団体

時局に応じた政治活動を政治家や政党との協力関係において活発に行う団体です。神社本庁を母体として１９６９年に結成された神道政治連盟や、第２・３章で扱う国際勝共連合と日本会議などがあります。

⑤　宗教界の公益財団法人

直接的な政治活動は行わず、社会的課題に対して宗教的立場からのアドボカシー（政策提言や社会提言）を行う団体です。日本宗教連盟、全日本仏教会、日本キリスト教連合会、神社本庁などがあげられます。

このように、宗教団体は教団本体からではなくとも、政治や社会と関わる関係機関を持っています。

ところで、なぜ宗教団体は政治に関わりたがり、政治家もまた宗教団体と関わることが得策と考えているのでしょうか。なお、日本の宗教者が他国の宗教者と比べて政治的であり、日本の政治家が宗教的であるという社会調査上の知見はありません。

教団のねらいと政治家の思惑

教団が政治家とのパイプを持ちたがるのは、先に述べた宗教理念を理解してくれる政治家を支援したいという間接的な政治参加の形態なのですが、そこには宗教人の政治志向といったことではなく、戦前において諸教団が政策に翼賛しなければ抑圧されるという経験をしてきた記憶が大きく影響しているでしょう。

総力戦体制下の日本では、伝統宗教・新宗教による翼賛的大衆運動を通じた戦争協力と政府による抑圧・統制の両局面がありました（永岡、2015）。しかしながら、戦争協力の加害責任が語られることは稀で、弾圧された経験が主に語られ、戦争協力の反省を諸教団が表明するのに数十年を要しました。それほどに抑圧の記憶は強烈であり、宗教団体は政治に対して防御的に対応し、むしろ宗教への理解者を政界に求めたり、自ら政治権力を握ろうとしたりしたのです。その結果、戦後の厳格な政教分離体制下でも、政党・政治家と教団宗教との密接な関係が生まれました。

他方で、政治家には「選挙で勝たない限りタダの人」という切実な理由があります。安倍元首相が差配していた組織票を受けて参院選の比例区当選を果たしたとされる井上義行議員は、選挙前に統一教会の賛同会員となって支援を受けた一方で、日蓮宗の檀家として宗門から推薦も受けていたことがわかりました（「朝日新聞」２０２２年8月20日、「中外日報」２０２２年7月25日）。

複数の宗教団体から支援を受けている政治家は少なくありません。支援・被支援の関係に宗教的な思想・信条はそれほど関連していないでしょう。政治家にとって肝心なのは、選挙に勝って議員であり続け、権力の中枢に近づくことです。

実際、公職選挙法の縛りから政治家は自前で支援者の確保を求められます。地盤（後援会）・看板（有名人か世襲の毛並みのよさ）・鞄（選挙資金）に心配のある政治家にとって、統一教会関連団体からであっても無償で選挙運動員や私設秘書を派遣して電話かけやビラ貼り、街頭の動員を手伝ってもらえるのはありがたいのです。萩生田光一前自民党政調会長が世界平和女性連合や青年指導者フォーラムに頻繁に顔出ししていたのは浪人中からであり、地元の有力な支援者に挨拶は欠かせなかったのでしょう（鈴木、2022）。

統一教会が自民党政治家を支援してきたのは、冷戦体制下で反共主義の教説と保守政治家の理念の共鳴があったためですが、教団側には有力な政治家を味方につけ、霊感商法などへの社会的批判と議会における追及をかわしたいという意図がありました。2022年にも世界平和を自転車で訴える「ピースロード」のイベントに自治体首長の参加が散見されましたが、教団は名士のお墨つきをもらうこと以上に、イベントに関わる政治家や企業家に人脈を拡大し、各種市民向け講座を開催して統一教会の運動に理解者や協力者、最終的には信者を増やしたいというねらいがあったのです（山口他、2023）。

安倍元首相銃撃事件以降の動き

統一教会においては、より直接的に政策協定のために推薦確認書を交わした例もあります。そこには、①憲法を改正し安全保障体制を強化、②家庭教育支援法・青少年健全育成基本法を制定、③LGBT問題・同性婚合法化の慎重な扱い、④「日韓トンネル」実現を推進、⑤国内外の共産主義勢力の攻勢阻止、などの政策が列挙され、「以上の趣旨に賛同し、（友好団体の）平和大使協議会および世界平和議員連合に入会する」などの条件が記載されていました（「時事通信」２０２２年10月22日）。

これだけの接点・関係を持ちながら、「それは選挙期間中だけのことで、政治家となった暁には一切の関係を絶ち、支援団体には何ら便宜を図ることなく公平な政治活動を行った政治家ばかりなのだろうか」と素朴な疑問が浮上します。教団としても不義理な政治家には繰り返しの選挙協力をさすがにしないだろうとも思われます。

安倍元首相銃撃事件以降、自民党と統一教会関連団体との関係が世論に厳しく批判され、自民党政権も２０２３年10月13日、文部科学省が統一教会に対する解散命令の請求を東京地裁に行いました。

そのときの文部科学大臣が盛山正仁です。共同通信や朝日新聞の調査において、盛山大臣は統一教会および関連団体との関係はないと回答していましたが、２０２１年の衆院選において統一教会の関係団体である世界平和女性連合から応援を受け、その際に推薦確認書に署名していたことが指摘され、写真や推薦確認書そのものも掲載されました（「朝日新聞」２０２４年2月6日、2月7日、3月6日）。

盛山大臣は当初記憶が曖昧であると弁解しましたが、証拠を突きつけられると反省を口にし、野党側の罷免《ひめん》要求には岸田首相が職責を全うさせると返答しました。

要するに、日本政府は統一教会側からの逆襲に遭ったわけです。選挙応援をした信者の証言や写真などの証拠は、効果的な時期を見計らってメディアにリークされている懸念があります。政権の教団との癒着や献金問題などを追及するメディアは、格好の素材を得て野党と一緒に政権を批判します。その結果、政権が統一教会対応に及び腰になるのか、逆に自民党が統一教会との関係が現在はないことを証明するために強い態度で臨むのかは、政局とメディア次第です。

今後の選挙において、政治資金規正法改正の議論と並び、政治と宗教団体の癒着が争点の一つになるのであれば、自民党は派閥の解消と同様に過去の関係を含めて統一教会と一切の関係を持たないことを態度表明せざるをえないでしょう。また、メディアも過去の接点を小ネタとして活用するのではなく、統一教会問題の解決とは何かを社説で語り、そのためにいま具体的に何が解決困難で、どういう施策が求められているのかを現場や問題の当事者に即して調査報道をすべきです。

統一教会の問題は、統一教会が一般市民対象に霊感商法を行い、1987年から2022年までに全国の消費者センターや弁護士会で集計された被害金額が約1282億円（全国霊感商法対策弁護士連絡会）に達するほどの金銭的被害を出していたことから知られていました。しかしながら、有名女性歌手が参加した1992年の統一教会による3万組合同結婚式がスキャンダラスに報道されて以降、メディアによる追及は元信者が提訴した裁判の判決結果を小さく知らせる程度にとどまっていました。そのために、政治家が社会問題の存在を知らなかったと言い逃れられる程度に、統一教会の存在は社会から忘れられていたのです。

このような団体からも政治家が支援を求めてきた背景は、選挙で無償のボランティアを派遣する統一教会側からの誘いがあったから、というだけでは説明ができません。政治家と教団の癒着には、政治家側の宗教に対する無関心、統一教会問題に対する知識のなさがあります。この点は第2章で詳しく述べることにします。

政教癒着が信教の自由を危険にさらす

本章では、信教の自由を基本的な人権として理解し、それを制度的に保障するのが政教分離であることを説明してきました。次いで、信教の自由と政教分離の原則を守り、権利が侵害されたことに対して人々が国や行政の責任を問う訴訟を見てきました。しかしながら、日本において政教分離は、政治的行為の結果として信教の自由が侵害されたかどうかという観点にこだわりすぎているようにも見えます。

政治と宗教の関係を市民感覚でとらえたときに、政治家と宗教家の互いに引き合う求心力はことのほか強く、政治に積極的に関わろうという志向のある宗教の存在を指摘できます。そうした宗教団体と関係を持つ政治家たちのねらいも、選挙戦から説明してきました。政治献金でもそうですが、献金した相手側に何らかの便宜を図らない政治家はいないでしょう。企業や各種団体側としても天下国家のため、社会のためだけを願っての寄付行為であれば、政治家や政党に限る必要はなく、より現場密着で社会貢献をめざす市民団体やNPOがあります。政治家にカネを渡す以上、献金額や労務の提供に見合うだけの見返りを、統一教会だけでなくどの教団も宗教人も考えているはずです。こうして生まれる政教癒着によって政教分離の原則が足下から崩され、信教の自由が危うくなるようなことはないのでしょうか。

従来の政教分離の議論は、国（地方自治体・政治家）が宗教（神宮・護国神社・靖国神社）に便宜を図ることで国民の信教の自由を侵害しないのかという構図が大半でした。本書ではこれに加えて、政教分離という制度を軽んずるあまり、特定宗教の活動が結果的に国民の信教の自由やさまざまな権利を侵害していないかを問うていこうと考えています。具体的には次章以降、統一教会、日本会議、創価学会に一章ずつわりふり、この問題を論じていきます。

第2章
統一教会と自民党

1　統一教会の日本支配

教祖 文鮮明

統一教会の正式名称は世界基督《キリスト》教統一神霊協会（The Holy Spirit Association for the Unification of World Christianity）でしたが、韓国では１９９７年に世界平和統一家庭連合（Family Federation for World Peace and Unification）に、日本でも２０１５年に名称変更しました。本書では長年使用されてきた略称の「統一教会」を用います。韓国でも統一教（통일교《トンイルギョ》）、海外でもUnification Churchがメディアや学術書で使用されています。

教祖の文鮮明《ムンソンミョン》は１９２０年、現在の北朝鮮・平安北道《ピョンアンプクト》定州《チョンジュ》郡に生まれ、２０１２年、92歳の年に韓国・京畿道加平《キョンギドカピョン》郡にある統一教会施設の清心国際病院で亡くなりました。『文鮮明先生御言精選　真の御父母様の生涯路程』によると、彼は16歳でイエスから啓示を受け、再臨のキリストとして宗教者の道を歩み始めたことになっています。

しかし実際は、18歳のときに故郷を離れ、京城（現在のソウル）に出て朝鮮職業講習学院電気科に入学し、そこで下宿の大家が通うイエス教会という神霊主義の教会に出入りして異端視される教説や信仰実践になじんでいったものと思われます。彼は１９４１年から

１９４３年にかけて早稲田高等工学校電気工学科に在籍し、卒業後は鹿島組で働きます。

朝鮮半島は１９１０年から１９４５年まで日本の植民地だったので、文鮮明は学校教育を日本語で受けました。そのため彼は日本の統一教会会員に対して日本語で説教ができましたし、日本の幹部・信者たちに対して日本語で直接指令を下すことができたのです。このコミュニケーションの容易さは、韓国で生まれた宗教団体が日本で布教に成功するためには必要な条件でした。

終戦後、文鮮明はソウルに戻り、イエス教会の関係者のつてでイスラエル修道院の補助引導師になります。この修道院の責任者は金百文《キムベクムン》といい、20世紀初頭に韓国で生じたキリスト教復興運動のなかで生まれた神霊集団の系統にあり、李龍道《イヨンド》－白南柱《ベクナムジュ》－金百文の師弟関係でつながっています。

神霊集団とは、宗教指導者が唯一神と直接感応して対話することで、神の存在とメッセージ、癒やしなどを信者が実感的に理解でき、そうした宗教体験を通じて布教していく組織を指します。韓国の民俗文化では、シャーマニズムにおける霊媒と顧客の関係に似ていなくもないのですが、その土壌にキリスト教が移植されたことが、韓国のキリスト教が民衆に受け入れられた要因でもありました。

「神の血統を継ぐ者」

文鮮明は1946年に家族をソウルに残し、平壌の神霊集団を訪ねます。彼はここで金《キム》聖道《ソンド》−許孝彬《ホホビン》−朴雲女《パクウンニョ》（丁得恩《チョンドゥクン》）の系譜に連なる女性シャーマンと関係を持とうとしました。金聖道は自らの精神的病を按手《あんしゅ》祈禱で癒やされてから自らも神霊治療を行うようになり、聖主教会《ソンジュギョフェ》を建てます。彼女は「罪の根は男女の淫行」「悲しみの神、再臨主は女性から産まれる」「韓国が世界の中心となる」と教えたといわれています。これもまた統一教会の基本的な神観です。

文鮮明は最終的に朴雲女（丁得恩）と関係を持ち（血分け、「ピガルム」といわれる儀礼的性行為）、神の血統につながったとされます。

こうした宗教遍歴のさなかに文鮮明は平壌においてスパイ容疑で逮捕され、興南《フンナム》監獄に収容されました。国連軍によって解放され、38度線を越えて韓国に戻り、1950年の暮れから釜山《プサン》で伝道を再開します。1953年にはソウルに残した妻子とも再会を果たしますが、妻は女性信者と共同生活を営む夫の行動を理解できず、その後離婚します。

1954年から1955年にかけて梨花《イファ》女子大学校の教師5名と学生14名が入教を理由に退職・退学させられ、文鮮明は不法監禁を理由に検挙されました（梨花女子大事件）。弟子たちのみが有罪で本人は無罪判決を得たものの、このスキャンダルの痛手は大きく、統一教会の異端的教説や教祖の淫教イメージが定着し、韓国内で勢力を拡大することが難しくなりました。

ところが、文鮮明は弟子と機会に恵まれました。まず、ソウル大医学部出身の秀才で脊椎カリエスを病んでいた劉孝元《ユヒョウォン》が入信し、1957年に文鮮明の教説を「原理解説」にまとめ、これを増補して1966年に『原理講論』として出版します。その内容は、先に述べた金百文の『基督教根本原理』(1958年刊行)を簡略化し、南北38度線を挟んで対峙する北朝鮮と韓国との政治的な緊張関係のなかで、文鮮明と統一教会の特別な使命を織り込んだ教説といえるでしょう。

文鮮明は金百文の教説を頭に入れていたでしょうが、彼自身の手で書き記すことはできませんでした。文鮮明にはカリスマがあり、数時間におよぶ説教や生けるキリストとしての宗教実践は信者たちを魅了したとはいえ、先行する神霊教団の指導者たちと五十歩百歩です。イエス教会をはじめとする神霊教団で学習した教説は、劉孝元の頭脳を通じて体系化され、これが翌年日本語訳されることで理論的な宗教として多数の日本人信者を引きつけることが可能になったのです。

国内外でつながる政治的パイプ

1957年に朴普煕《パクボヒ》と同僚の韓相吉《ハンサンギル》・韓相国《ハンサング》・金相仁《キムサンイン》という軍人が相次いで入信し、4名は後に大韓民国中央情報部（KCIA）のメンバーとなります。この時代、韓国のキリスト教は爆発的な勢いで伸びているので、正統派の教会を避けて異端とされた統一教に彼らが入信したのには、それなりのわけがあると推測されます。

統一教会は韓国で1950年代後半から反共政治団体として活動しましたが、その政治的背景には、朴正 熙《パクチョンヒ》政権が統一教会をフロント団体として利用しようとした意図があったのではないかという疑惑もあります。文鮮明は1965年に世界巡回路程に出発し、1971年以降はアメリカに居を構え、世界宣教を指揮してきました。

さらに、1958年に日本宣教に派遣した崔奉春《チェボンチュン》が、1965年にアメリカに任地を変更されるまで日本において初期教会を形成したのですが、戦前から戦後にかけて大衆右翼の大立者であった笹川良一や保守政治家で首相も務めた岸信介などとの政治的パイプを構築しました。ここでも、崔奉春や青年信者たちだけで大物政治家を動かせたとは思えず、反共政策で連携した朴正熙と岸信介の関係が影を落としています。

統一教会の教義は、教典『原理講論』と教祖の「御言葉」、および聖書から学習されます。『原理講論』には創造原理、堕落論、復帰原理があります。創造原理には宇宙の根本原理と神の創造目的が説かれ、堕落論では不幸の原因である原罪の真相が解き明かされます。原罪は後にサタンとなる堕天使ルーシェル（ルシファー）と人類始祖のエバが姦淫・不倫を犯し、神に背いた悪の血統がアダムを経て人類すべてに相続されたというのです。そのために地上には悪がはびこり、人は不幸になります。この悪の血統を神の血統に転換することが、統一教会における救済論になるのです。

ではどうやって、ということになりますが、堕落と逆のプロセスをたどればいいというわけです。すなわち、神はキリストを遣わせて人間の娘をめとらせ、神の血統で無原罪の子を産ませ、その子たちから無原罪の人間を造り出すという壮大な神の計画が摂理なのです。

ところが、ユダヤ人はイエス・キリストを信じることができず、十字架にかけてしまいました。神はイエスをよみがえらせ、神の右の御座につかせて栄光をあらわし、これを信じる人をキリスト教徒としたのですが、なお、悪の血統を実質的に神の血統に転換できないために神の摂理は道半ばであると説きます。だからこそ、再臨のキリストがまたこの世に現れ、再び人間の娘をめとって無原罪の人間を産み出し、そうした人々によって地上天国を造るのだというわけです。

そして、再臨のキリストは私こと文鮮明であり、その妻・韓鶴子《ハンハクジャ》とともに真の父母となって神に祝福された家庭を形成するというのですが、この血統転換の教説は論理的に難点を抱えています。

「血統転換」のジレンマ

文鮮明の神の血統を受けて悪の血統から転換されるのは、まず妻としての韓鶴子、その子たち7男7女の14名です。ここから善なる人間を繁殖するとなると、兄弟姉妹の近親姦にならざるをえません。しかも、神の神聖家族の形成まで一世代がかかってしまい、そもそも信者が集まりません。信者を神の血統に転換するためには、やはり、文鮮明が神の血統を受けたように血統転換の儀礼を信者に施さざるをえないのです。これが初期教団における血分け・雑婚疑惑であり、文鮮明が認知した非嫡出子の問題です。

実際は、神の血統を女性信者に分け与えた後に、今度は女性信者が男性信者に分け与えたのではないかというのが血分けの話であり、日韓の統一教会批判書ではそのことが書かれ、私も日本で宣教した崔奉春からその話を聞きとっています。

伝統的なプロテスタント教会では、このような人間の罪の理解や血統転換による救済方法を認めていません。カトリックも聖母マリア無原罪の宿りを信じ、修道士・修道女の独身制や貞潔を尊重するので、宗教指導者が信者と関係を持つことは性虐待の文脈でしかありえません。

しかしながら、アジアの宗教になると、インドの後期密教やチベット仏教では性行為を介してヨーガを行うタントリズムが実践されたといわれますし、血統による世襲カリスマの継承が仏教教団や新宗教に見られ、宗教的教説の正統性を伝承するやり方が家族の形成に模されることがあります。ですから、文鮮明一家が神聖家族を主張し、神の血統による無原罪化の神秘を性行為や家族形成に求めたとしても、あながち宗教としてありえないとまではいえないのです。

もっとも、血分けの論理も教団形成においては矛盾をはらむことになります。つまり、文鮮明の神の血統が女性信者に継がれ、そして男性信者に継がれた場合、無原罪化された男性信者にしても女性信者にしても、すでに救済されたので文鮮明に従う必然性がなくなります。そして、これらの信者たちが勝手に救済行為を教団内外で行うとしたら、性秩序の混乱の極みとなるでしょう。

この難点は、統一教会の信仰観によってカバーされます。すなわち、文鮮明は神の血統を継いでメシヤになったのであり、この世を主管し、人間を従えることができる王なのです。無原罪化された信者たちは滅びを免れたというだけで、神に従順に仕えることでしか最終的な救いにはあずかれません。具体的には、文鮮明の御心、地上天国という彼の王国樹立に貢献することが求められるのです。

合同結婚式と初夜の「三日行事」

統一教会では1960年以来、数十回にわたり合同結婚式が挙行されました。1998～99年には3億6000万組の「祝福」がなされ、現在まで継続されています。すでに二世信者同士の合同結婚式も複数回行われ、三世の時代も遠からず訪れるでしょう。

この信者同士を結婚させる合同結婚式は祝福と呼ばれます。文鮮明夫妻が主礼となり、信者たちに聖酒と呼ばれる象徴的な神の血統を授けます。なお、祝福では信者自身が相手を選ぶことができません。初期には、ホールに集められた若い信者を文鮮明がざっと見回し、先祖を数代まで遡《さかのぼ》って相性やら因縁を見て霊感でマッチングを行ったといわれています。現在は、本部の担当者が適切な相手を一人選んで推薦します。神様が選んだ相手を拒否することはできないでしょう。

国際結婚も多いのですが、カップリングを見る限り、幹部の子弟は幹部の子弟同士、一般信者では学歴や社会階層にあまり違いがないよう配慮されているようにみえます。その例外が後述する韓日祝福――韓国人男性信者と日本人女性信者のカップルです。

そして祝福の後、三日行事があります。信者は文鮮明夫妻の写真を祭壇に飾って、その前で礼拝を捧げた後、初めて夫婦で性的関係を持ちます。人間にとって性というのは極めてプライベートなものですが、夫婦の秘め事は血統転換のために必要な公のものです。父母の愛の象徴が入っているとされる聖酒をいただいたことで霊的にメシヤの相対者となり、神の血統につながった女性が、まず夫婦の関係では主体者として女性上位・男性下位の体位で2日間行為を行い、3日目に今度は逆の体位で行います。決められた体位以外で行ったり、射精に失敗したりした場合はもう一度やらなければいけないとされます。

キリストの血統がエバを通じてアダムへ継がれ、堕落性が清められる最重要の儀礼です。サタンの血統がエバからアダムへと継がれ、人間が堕落して現在の血統を受け継いだ逆のパターンの儀礼を行ってこそ、神の側に復帰できるのです。

日本の信者が祝福にあずかるためには、通いの信者から月々の小遣いと食住だけを保障されて統一教会の活動に全国展開で従事する専従職員となり、公式七年路程といって伝道活動を3年半、経済活動を3年半行わなければなりませんでした。近年はこの条件が緩和されているようですが、大学生の頃に統一教会に勧誘されて信者となり、30歳前後で祝福を受けていくのが一般的な信者のライフコースです。

祝福後、完全に救われた信者は何をするのでしょうか。一部の教会員は統一教会の事業

開催日	家庭数	主な会場
2003.7.13	4億組（4次）	韓国・天安　柳寛順烈士宣揚記念館
2004.7.26	4億組（5次）	韓国・天安　柳寛順烈士宣揚記念館
2005.8.1	4億組（6次）	韓国・天安　柳寛順烈士宣揚記念館
2007.2.22	521組	韓国・加平　天宙清平修錬苑
2009.11.16	190組	韓国・加平　天宙清平修錬苑
2012.3.24	5200組	韓国・加平　清心平和ワールドセンター（現・HJグローバルアートセンター）
2013.2.17	1万2000組	韓国・加平　清心平和ワールドセンター
	・ ・ ・	
2023.5.7	8000組	韓国・加平　HJグローバルアートセンター

八王子家庭教会「祝福結婚の歴史」他より作成
https://uc802.org/blessing/blessinghistory/

＊1995年以降の家庭数は実数とは見なしがたい。なお、教団がカップルから祝福献金140万円を受け取ることで、合同結婚式が教団の資金調達に貢献したと考えられる。

合同結婚式の歴史

開催日	家庭数	主な会場
1960.4.16	3組	韓国・ソウル　前本部教会
1961.5.15	33組	韓国・ソウル　前本部教会
1962.6.4	72組	韓国・ソウル　前本部教会
1963.7.24	124組	韓国・ソウル　ソウル市民会館（現・世宗文化会館）
1968.2.22	430組	韓国・ソウル　ソウル市民会館
1969.2.28	13組	アメリカ・ワシントンD.C.
1969.3.28	8組	ドイツ・エッセン
1969.5.1	22組	日本・東京　東京教会
1970.10.21	777組	韓国・ソウル　奨忠体育館
1975.2.8	1800組	韓国・ソウル　奨忠体育館
1977.2.21	74組	アメリカ・ニューヨーク　ニューヨーカーホテル
1978.5.21	118組	イギリス・ロンドン
1982.7.1	2075組	アメリカ・ニューヨーク　マディソン・スクエア・ガーデン
1982.10.14	6000組	韓国・ソウル　蚕室室内体育館
1986.4.12	36組	韓国・ソウル　リトルエンジェルス芸術会館（現・ユニバーサルアートセンター）
1988.10.30	6500組	韓国・龍仁　一和龍仁研修院
1989.1.11	72組	韓国・ソウル　リトルエンジェルス芸術会館
1989.1.12	1275組	韓国・龍仁　一和龍仁研修院
1992.4.10	1267（既成）組	韓国・ソウル　蚕室オリンピックメインスタジアム
1992.8.25	3万組	韓国・ソウル　蚕室オリンピックメインスタジアム
1995.8.25	36万組	韓国・ソウル　蚕室オリンピックメインスタジアム
1997.11.29	4000万組	アメリカ・ワシントンD.C.　ロバート・F・ケネディ・メモリアル・スタジアム
1998.6.13	3億6000万組（1次）	アメリカ・ニューヨーク　マディソン・スクエア・ガーデン
1999.2.7	3億6000万組（2次）	韓国・ソウル　蚕室オリンピックメインスタジアム
2000.2.13	4億組（1次）	韓国・ソウル　蚕室オリンピックメインスタジアム
2001.1.27	4億組（2次）	アメリカ・ニューヨーク　国連本部
2002.2.16	4億組（3次）	韓国・ソウル　オリンピック公園フェンシング競技場

部門で有給の専従職員となり、残りは還故郷といって男性は職を探し、女性は主婦となり、地区教会に通う信者となります。そして信者たちに求められるのが、地上天国を実現するという神の摂理のために、韓国本部の指令に従って献金のノルマを達成することです。

それが、統一教会の活動で批判を集める「正体を隠した勧誘」と「霊感商法」だったのです。

韓国に嫁ぐ日本人女性信者

1960年から始まった祝福は、1970年代までは初期の信者、すなわち現在の統一教会の幹部同士で、韓国人は韓国人同士、日本人は日本人同士で結婚していました。信者としての経歴や志向も似ていたでしょう。ところが1992年の3万組ともなると、ばらつきの幅が広がります。とくに、韓国人男性と日本人女性の組み合わせには、はなはだしい偏りがありました。簡単にいえば、韓国における嫁不足の解消のために、統一教会の日本人女性信者が韓国人の未信者の男性に嫁ぐようなカップリングが教団主導で進められたのです。

韓国の大学（短大を含む）進学率は2008年に83%に達し（日本は56%）、2010年の都市圏の人口比率は82%（日本は67%）と日本より都会的です。学歴が低く、安定した職業に就いておらず、地方に暮らす青年を韓国人女性は選びません。地方農漁村における後継者の嫁不足は日本以上に深刻です。韓国の国際結婚比率は2006年で約12%で、その半数は中国の朝鮮族、15%がベトナム人となっており、日本人は9%程度です。こうした配偶者に恵まれない韓国男性に恩恵を施したのが統一教会です。

韓国の統一教会は「真の家庭実践運動」の名前で宣伝を行い、未婚の中年男性や青年男性を持つ母親を教会に誘います。母親は息子のためにしばらく教会通いを続け、国際合同結婚式に息子が参加して妻を得れば、責任を果たしたと教会を辞める人も少なくありません。こうした男性は妻が欲しくて統一教会員になっただけで、信仰はありません。

日本で7年もの間厳しい信者生活を続けた女性たちが、結婚市場で学歴や職業、居住地域のハンディキャップを持つ韓国人男性と祝福家庭を持ったのはなぜでしょうか。

その理由は、文鮮明が日本人女性信者に対して、韓国人男性に侍る《はべ》（仕える）ことで「日帝支配の怨讐《おんしゅう》に報いる」ことになると何度も繰り返して説教した内容を信仰としたからです。メシヤが生まれた韓国の男性は、それだけで朝鮮半島を支配した日本人よりも霊的に高いと紹介されたという女性信者の話を私も聞きました。文鮮明は日本人に贖罪《しょくざい》を迫ったのです。

渡韓した日本人女性の居住地域は圧倒的に郡部が多く、不安定就労の夫と家族を抱え苦労した女性が少なくありません。そうした女性たちに韓国の統一教会家庭局国際部が関わる互助会が、コメや支援金を半年から1年間支給していた記録もあります。

2012年には、日本人女性信者が韓国人の夫を殺害するという事件がありました。女性は52歳で、1995年の合同結婚式に参加して渡韓。当時から夫は無職で、国からの給付金3万円と女性の一日12時間の食堂・家政婦の仕事による約3万円の給与で生活してきました。夫は10年前に腎臓病になり、人工透析の費用が生活を圧迫。にもかかわらず夫は酒を飲み、暴れ、女性に暴力をふるっていたといいます。女性は鬱状態になり、家族が渡韓して帰国を促したものの拒絶し、この事件に至ったのです（『週刊文春』2012年12月6日号）。

貧困と夫による暴力に苦しむ女性たちが少なくないことは、私も在韓女性信者への調査によって聞いていました。その背景には、①元来、生活の基盤がしっかりしていない男性と結婚する割合が高いこと、②日本人女性は韓国語を学習するものの、夫や夫の親族と十分なコミュニケーションが取れないこと、③日本の親族から物心両面にわたるサポートを得られないことなどがあります。

日本における統一教会

崔奉春が作り上げた日本の統一教会は、大きく分けて3段階の発展のプロセスを経ました。

①　初期教団の模索の時代

崔奉春は1950年代末から1965年まで、キリスト教会に通う信者や大学生を連れてきては統一原理を伝えました。彼が初期に形成した統一教会は、貧しい人々やクリスチャン学生が集い、質素で家庭的なものだったといわれています。しかし、当時教勢を拡大していた立正《りっしょう》佼成会《こうせいかい》から青年信者が入ることで、小さな教会組織は急拡大の道をたどります。

日本では、立正佼成会の青年部長を務めながらも、一切を捨てて統一教会に入信した久保木修己《おさみ》が初代会長となり1964年に宗教法人の認可を得ます。同年に全国大学連合原理研究会（CARP：Collegiate Association for the Research of Principles）が創立され、大学生・青年の伝道が活発化しました。この時期、大学を中退して活動に飛び込む青年たちが相次いだので、親たちは子どもたちが洗脳されたといって反対運動を始めました。親泣かせの原理運動としてマスコミを賑わせた時代です。

② 政治経済への事業拡大の時代

1968年、国際勝共連合が設立され、反共政治活動を始めます。初期統一教会を側面から支援したのが笹川良一や岸信介だったわけで、約10年遅れて日本でも反共運動が開始されました。1973年には世界平和教授アカデミーが設立され、学術・言論界に働きかけを始めます。

この頃から、統一教会の信徒が廃品回収や花売りといった経済活動をやめ、会社組織を作り、物販で宣教活動に必要な財源の確保を行うようになります。もっとも、韓国の統一教は反共運動の担い手にとどまらず、朴正煕政権下の軍需産業部門を担う空気銃製造企業を設立し、1960年代に教会傘下企業の幸世物産が日本にも空気散弾銃・鋭和BBB《ビースリー》を大量に輸入販売しようとしました。

1980年代に入り、それまで朝鮮人参茶や高麗大理石壺などを韓国から輸入していたものの売り上げがかんばしくなかった販社が、訪問販売員の信者に姓名判断や印相鑑定を顧客に対して無料で行わせました。そこで不安にかられて相談したり、印鑑を求めたりした顧客に、さらに先祖の霊を供養するためとして、高麗大理石壺を数十万円から数百万円で販売し始めたのです。

これが霊感商法として1980年代後半から問題化されます。1987年に全国霊感商法対策弁護士連絡会が結成され、商品の返還交渉や損害賠償請求の提訴がなされてきました。同会の調査によれば、1987年から2022年までに約1282億円の被害金額が集計されています。

③ 韓国幹部による直轄統治と被支配の時代

1980年代から1990年代にかけて、日韓の経済格差は著しいものでした。1990年時点の一人あたり名目GDPは日本が韓国の4倍。それが2000年には約3倍、2010年には約2倍、そして2023年にはほぼ同じとなりました。日本の物価が30年間ほぼ停滞し、円安も進行したためです。この問題については第4章で詳しく論じたいと思っています。

それはともかくとして、日本の統一教会が文鮮明の世界宣教や韓国の事業の資金を捻出できたのは、ひとえに日本が経済大国であった時代の賜物であり、そこで一般市民をターゲットにした霊感商法によって資産を収奪したことによるものです。

韓国の統一教会の幹部たちは、日本をカネのなる木と考え、資金調達のマシーンとして活用するべく、1990年代に入って続々と日本の教団組織に天下りするようになりました。韓国は1997年のアジア通貨危機によってIMFの緊急融資を受ける代わりに財政を管理され、経済が一気に収縮し、統一教会系列の企業も打撃を受けて日本の献金頼みがいっそう激しくなります。

この頃になると、日本の初期教団で基礎を築いた日本人幹部たちがリタイアする年代となり、次の世代は韓国の幹部たちと覇権を争う気力も体力もそぎ落とされていきます。その大きな背景に、1980年代後半から韓国は軍事政権から民政に移行し、市民運動なども活発化するなかで日本の植民地主義やその産物である従軍慰安婦問題や徴用工問題を追及する声が強くなったことがあります。

統一教会自体も、日韓関係を植民地支配からとらえ直し、日本人信者に罪の蕩減《とうげん》（弁済すること）を求めるようになってきたのです。日本人信者は韓国人信者に対して道徳的に劣る存在とされ、それが日韓の祝福家庭問題、清平《チョンピョン》修錬苑における日本人信者の直接献金問題などにつながっていきます。この段階では、日本の統一教会は韓国の統一教会に対して主体性を発揮する余地はなくなっていきました。

先祖を420代遡って高額献金

統一教会随一の霊能者は、文鮮明の3番目の妻である韓鶴子の母親・洪順愛《ホンスネ》（文鮮明の信者でかつ大母様といわれる）を憑霊させる金孝南《キムヒョナム》で、訓母様《フンモニム》といわれます。この訓母様は一信者でありながら、文鮮明が埋葬された清平聖地にある清平修錬苑および関連施設を管理することを任され、1995年以降、先祖解怨《かいおん》式・役事《ヨクサ》（降霊など霊界につながる儀礼）・病気治しをセットにした修錬会を行い、多数の日本人信者から献金を受けてきました。

その献金は本来であれば統一教会維持財団（韓国における統一教会の統括組織）に行くはずだったのですが、金孝南一家が中抜きして巨万の蓄財をはかったという疑惑があり、文鮮明の死後、その修錬苑に監査を要求した文鮮明の子どもたちと、金孝南および自分の母親の霊媒をこよなく愛する韓鶴子との対立に発展しています。

統一教会員たちは祝福により、神の血統に連なり地上天国に入ることを許されますが、教えを知る前にあの世へ旅立った先祖たちは霊界にある地獄で原罪のゆえに塗炭《とたん》の苦しみを味わっているとされます。先祖を救うためには地上から霊界へ功徳《くどく》を送るしかないと説かれます。その画期的な方法として、「天国に入籍するには先祖から120代遡って解怨しなければならない」と1999年に文鮮明が宣言したのです。

120代を遡るというと、一代30年でも3600年前までになります。解怨のための献金が一家系で7代目まで70万円。しかも父方母方、さらにその上の父方母方へ遡るため、その4倍が必要です。8代目以上は7代分3万円とディスカウントされるのですが、12

0代目まで試算してみると計484万円。これでも完遂完納者が続いたためか、2006年になると大母様は210代目（6300年前の先祖）までを要求し、現在は420代目までの先祖解怨が勧められています。

こうした高額献金をなした中高年女性の信者は、世一観光という統一教会関連団体のパックツアーで清平を訪れ、修錬会に参加します。そこでは、参加者の体内から悪霊を追い出すために、講堂に参集した数千人の信者が聖歌を韓国語で歌いながら、拍手→相手の肩→自分の頭・顔・首→拍手→自分の胸・下腹部→相手の腰→自分の足・腕→拍手、の順で叩き続けるという儀式を2セット2時間ほど続けたようです。

憑霊した信者の除霊は金孝南が行います。修錬会に渡韓した多くの信者に日本の悪霊の怖さが強烈に植えつけられ、それを祓《はら》えるのはこの清平修錬苑しかないと教え込まれました。

この除霊で快癒しない病人には、金孝南による特別な祈禱と除霊が行われます。その方法は悪霊を叩いて出すといういたってシンプルなものですが、皮下出血するほどの痛みを伴います。難治性の病気で収容され、「あんたの先祖が韓国人を痛めつけたから、びっしり悪霊に取り憑かれたのだ」として、この病気治しでさらに悪化させられたうえで放置されたものの、奇跡的に日本に戻って入院して一命を取り留めた元信者から話を聞きました。

日韓祝福や清平修錬苑における日本人女性信者たちへの献身や献金の要求には、日本の植民地支配に対する強烈な恨《ハン》の心情があります。学校教育において日韓の近代史をほとんど聞かされていない若者や中高年女性は、統一教会が説く摂理や韓国人幹部や信者の怨讐の情念に接して度肝を抜かれ、良心的な人ほど罪悪感を持って自己犠牲を信仰と了解していったのではないかと考えられます。実際、そう理解するように日本人を追い込んでいく韓国人の説教者のビデオテープなどが残されています。

では、2012年の文鮮明の死後、統一教会はどのようになっているのでしょうか。

韓鶴子への忠誠

韓鶴子は、2015年に統一教会から世界平和統一家庭連合に改称した組織の総裁として、「神様の使命を受けた真の父母であり、『独生女』(神の一人娘)として人類救援のために真の家庭運動を伝播する」と宣言しました。独生女とは神様の独り子であるイエスをまねた表現であり、文鮮明はイエスと同じ独生者、韓鶴子は独生女としてメシヤの地位にあることを公言したものです(世界平和統一家庭連合NEWS ONLINE)。これには、日本国内でも古参信者を中心に異論が出ているようですが、主流派は韓鶴子に忠誠を誓っています。

2015年、文鮮明の七男は四男の資金援助を得てアメリカ・ペンシルバニアに本部を置くサンクチュアリ教会（World Peace and Unification Sanctuary）を設立し、日本からは江利川安栄・元日本統一教会会長（現在は日本サンクチュアリ協会会長）ほか七男派が流入しています。三男派もまた、グローバル・ピース・ファウンデーションの名称で各種経済セミナーを韓国で開催し、資本提携先を探しながら経済活動を行っています。

日本の統一教会は、韓鶴子の世界平和統一家庭連合（主流派）がおさえているものの、三男派、七男派に加えて韓鶴子の独裁に異を唱える元幹部や信者がそれぞれにグループを形成しています。七男派が合同結婚式や先祖解怨の儀式を挙行すれば、主流派が七男派にはメシヤの正統性がないから相手にしないように、と信者宛公文と称する連絡文を通知するのです。また、七男派はSNSやYouTubeを駆使して、母親はメシヤの摂理から外れてしまったと批判しています。

統一教会内における文鮮明ファミリーや幹部家族の人間関係（文鮮明夫妻の子や孫は幹部の子や孫と結婚しているため複雑な姻戚関係による党派ができている）、それと連動した多数の関係組織間の葛藤、翻弄される日本統一教会の情勢は、一部の現役信者が提供する（意図的な戦略の可能性もある）情報や、統一教会ウォッチャーの推測だけで十分に把握することはできません。

確実にいえることは、財閥《チェボル》を多額の資金で支えてきた日本の統一教会組織は、文鮮明ファミリーや韓国の幹部たちから完全に蚊帳《かや》の外に置かれ、資金提供者としてのみ利用されているということです。日本の統一教会幹部たちは、この不公平な構造に抗うことができずにいます。統一教会の教義を信じ、文鮮明・韓鶴子というメシヤの権威に頼って教団組織を維持している以上、どんなに矛盾を感じようとも、幹部たちは自分たちの生活を維持するために一般信者に従順な信仰を求め続けるしかないのです。

2 国際勝共連合の反共活動

韓国の現代史

国際勝共連合は、1968年1月に韓国で統一教会によって設立された政治団体です。同年4月には日本でも設立されました。ここでは国際勝共連合の活動を、日本の初代会長であった久保木を中心に簡単にまとめておきます。まず、韓国の現代史と反共運動から見ていきましょう。

大韓民国は1948年に樹立されますが、1945年に日本統治から連合国軍の管轄へ移行した後、独立後の政権のかたちと首班をめぐって朝鮮民族内で権力争いが続きます。1946年、ソ連占領下では金日成《キムイルソン》を中心とした北朝鮮人民委員会が設立され、アメリカ占領下では李承晩《イスンマン》の南朝鮮過渡政府が設立されます。そして、1948年に大韓民国が建国されたのに続いて金日成が朝鮮民主主義人民共和国を建国し、38度線を境に2つの国ができたのです。

建国までの間、そして建国後も双方が橋頭堡《きょうとうほ》を南北に築いていたので、反対派の粛清や済州島《チェジュ》四・三事件、麗水《ヨス》・順天《スンチョン》事件のように数万人規模の民間人殺害事件も起きました。

そのうえ、1950年から1953年にかけての朝鮮戦争では、朝鮮半島の統一を掲げた朝鮮民主主義人民共和国はソ連の後ろ盾を得て韓国に攻め入り、大韓民国は国連軍－アメリカ軍の支援を受けて押し戻し、その後に中華人民共和国から中国人民志願軍が押し返すなど、朝鮮半島は焦土化しました。同じ民族同士の戦争・殺戮《さつりく》を経験し、家族・親族の分断などの悲嘆をなめさせられ、両国は傷痕と敵対意識を抱えたまま現在も休戦状態にあります。

この間、敗戦国であった日本は1951年のサンフランシスコ平和条約によって主権を回復し、朝鮮戦争を奇貨として経済復興を遂げていきます。

35年間の植民地支配と3年間の国内戦争を味わった朝鮮民族の恨《ハン》は、文鮮明や教団幹部たちだけでなく、民衆のこころに深く沈潜します。北は金王朝の朝鮮労働党独裁、南は軍事政権の開発独裁の下で声をあげられない20年の歳月を経て、拉致被害者問題や統一教会問題のかたちで日本に向けられてきたのです。どちらも日本では大問題ですが、北朝鮮や韓国においては問題とはされていません。それぞれが反米、反共と政治的イデオロギーは異なりますが、反日は共有されたイデオロギーであり、これが感情の奥底にしまわれていることに日本人は敏感になるべきです。

1961年にクーデターを起こした朴正熙は、1963年に大統領に就任し、1979年に暗殺されるまで5期にわたって大統領を務めます。彼は大統領3選を可能にする憲法改正を1969年に行って第7代の大統領となり、1972年には大統領の任期を6年に延長する維新憲法を制定するなど、権威主義的体制（維新体制）を固めました。

朴正熙は、当時大韓民国を経済発展で凌駕していた北朝鮮と対峙するべく、3つの政策を進めました。具体的には、①1965年に日韓基本条約を早急に締結し、日本の資金協力によって開発独裁型の経済発展を図ること、②セマウル運動をはじめ宗教界も動員した下からの愛国・反共運動を拡大すること、③左派系の野党政治家や民主化運動を抑圧して大韓民国のサバイバルを図ること、でした。このやり方は彼以降の軍人出身大統領である全斗煥《チョンドゥファン》（在任1980－1988）にも継承されることになります。

開発独裁の政治伝統は、後に政権とパイプを持つ財閥系企業の台頭を招き、軍人・政治家・財界人が権力に群がって利権をむさぼる縁故主義的社会を形成しました。1987年の民政化以降も、大統領選挙の結果で野党に政権交代すると、前政権の大統領以下政治家・財界人が汚職や職権の濫用で逮捕され、政治的な報復を受けます。

韓国の大統領にはあらゆる業界から権力の傘下に入ろうとアプローチがなされるわけですが、そうした手合いを適当に使いながら権力基盤や側近を固めたりするのが統治スタイルでもあります。

朴正煕政権下のスパイ工作

1965年に文鮮明は勝共啓蒙団を創設しました。江原《カンウォン》道《ド》を中心に教会幹部を講師として種々の集会に派遣し、韓国の原理研究会の学生には農村で中高生に指導せよと説いたと教団史に記載があります（文鮮明・韓国歴史編纂委員会、2000：339－340）。文鮮明と統一教会が、朴正煕政権のイデオロギー工作の先兵に立ったわけです。

しかし、文鮮明にはスパイ容疑で逮捕されて興南監獄に収監され、梨花女子大事件でも裁判の被告となったという経歴があり、志操堅固にして忠実な愛国者として朴正煕が遇したとは思えません。むしろ、朴正熙が統一教会をただの異端教会から政治的に使える組織に改編していった可能性があります。

その証拠が、コリアゲート事件の調査報告で示されました。コリアゲート事件は、KCIAが実業家の朴東宣《パクドンソン》を使ってアメリカ下院議員にロビイング活動を行い、在韓米軍の撤退計画を変更させようとしていたというもので、1976年に発覚しました。

このスキャンダルを調査するために設置されたのがフレーザー委員会であり、その報告書で、統一教会が1961年にKCIAの金鍾泌《キムジョンピル》の指示を受けて「韓国政府機関」として再組織され、アメリカや日本で政治工作を行っていると中央情報局（CIA）機密文書を紹介するなかで述べられています（「朝日新聞」1978年3月17日）。

また、朴正熙は1975年に大韓救国宣教団を創設して右派系キリスト教を取り込もうとしました。この団体の総裁となった崔太敏《チェテミン》とのパイプが朴一族にでき、崔太敏の娘である崔順実《チェスンシル》が朴正熙の娘である朴槿恵《パククネ》元大統領のブレインとなりました。そのことで生じた種々の不正問題が、次代の文在寅《ムンジェイン》政権によって裁断され、朴槿恵の弾劾や裁判につながります。

いずれにせよ、統一教会は朴正熙政権の下、政治的な道具となりきることによって、厳しい韓国のキリスト教市場のなかでサバイバルすることができたのですが、いかんせん統一教会の財政的基盤は不安定でした。ところが、反共つながりによって、日本への宣教拡大が思わぬところで日本の右派政治家たちの庇護《ひご》を得ることになったのです。

日本での宣教活動

日本の統一教会は、崔奉春（日本名は西川勝）という1956年に統一教に入教した伝道師によって形成されたことはすでに述べました。崔は青年期までを大阪で過ごし、終戦直前に帰国したので日本語が堪能でした。文鮮明にすぐさま日本宣教を命じられるのですが、日本入国までの経緯が大変なものでした。

当時、日韓・日朝ともに正式な国交がなかったので、崔は3度にわたる密航と出入国管理法違反で収監され、強制送還される前に療養施設から脱走して東京へ移動し、韓国人キリスト教徒の支援を得て宣教活動を開始しました。崔の滞在には笹川良一が後ろ盾となり、初期の教会は岸信介に種々の便宜を図ってもらっていました。

ここでは、統一教会の初代会長であり、国際勝共連合の会長にもなった久保木修己の活動を久保木の自伝などを使いながら紹介します（久保木修己、1996、『愛天　愛国　愛人　母性国家日本のゆくえ』世界日報社）。

1960年代の初め頃、立正佼成会の青年部で「創価学会撲滅の会」を指導していた小宮山嘉一は統一教会の集会に参加して感銘を受け、立正佼成会の会長・庭野日敬《にっきょう》に崔を紹介しました。庭野は、青年部長・会長秘書を務めていた久保木修己ほか数名の青年信者たちを研修会に参加させたところ、信者たちの感動ぶりに驚き、それならと多数の青年信者を崔に預けたといわれます。開祖である長沼妙佼《みょうこう》の霊能や姓名鑑定で信者を集めた立正佼成会は、マスメディアからの批判もあって根本仏教系教団としての既成宗教化を図っていたところであり、後に立正佼成会の代名詞ともなる宗教間対話の風通しのよさもあってほかの宗教に心を許したのかもしれません。

しかしながら、数十名規模で青年信者が統一教会に改宗してしまい、庭野は信者に統一教会への出入りを差し止めますが、小宮山と久保木は立正佼成会を出ていきました。そして久保木は、1964年7月15日に認可された宗教法人世界基督教統一神霊協会の初代会長に就任し、同年7月に全国各地の大学で進められていた原理研究会の連合組織である全国大学連合原理研究会（CARP）の会長には小宮山が就きました。

キリスト教系新宗教の萌芽に過ぎなかった崔の日本支部は、日本の新宗教運動の経験者によって教団としての体裁を整えます。2人の元来の政治志向によって、初期の統一教会は教会型宗教に政治運動的要素も備えた宗教運動に転換していくのですが、ここには外部から大きな政治力が働いていたのです。

1965年、崔奉春は日本担当を外され、アメリカ宣教にとばされます。英語ができず、アメリカに人脈もない崔にとって左遷もいいところですが、文鮮明は、日本の統一教会信者たちが崔奉春に人格的に傾倒しすぎていることを見抜いていたのです。すでに韓国の統一教会と文鮮明から直接指令を受ける実行部隊が整った以上、有能すぎる日本の霊的指導者は用済みです。崔は二度と統一教会の表舞台に立つことはなく、教団と距離をとりながら、日本の初期教団の弟子たち（大半が統一教会の会長ほか指導者）に支援され、余生をアメリカ－日本－韓国と行き来しながら過ごすことになります。

ここでもう一度、崔奉春がなぜ日本で宣教できる条件を得たのかを考えてみます。

笹川良一と岸信介

統一教会は日本の右派政治家やフィクサーたちと初期から関係を持ったと考えられます。崔奉春は不法滞在中、入国管理法違反で数度警察に連行され、収監されました。崔奉春の釈放と在留資格の取得に尽力したのが笹川良一です。崔の言によれば、四国で路傍伝道していた統一教会女性信者とまず笹川が知り合い、その女性の活動に関心を持った笹川が本部を訪ねてから懇意になり、種々の便宜を図ってくれるようになったといいます。

1899年生まれの笹川良一は「国粋大衆党」を組織するなど大陸でも活動しますが、

A級戦犯容疑者として収監され、後に不起訴となりました。その後、競艇事業などで資産を築き（日本船舶振興会、後の日本財団会長）、政財界や社会事業にも足跡を残します。統一教会とも1970年くらいまで関係を維持したようです。

統一教会は本部を1964年に世田谷区代沢から渋谷区南平台町に移転しますが、隣には岸信介の私邸がありました。岸信介は1960年の日米安全保障条約改定を強行したものの、全国に広がる反対運動や国会前のデモの鎮圧などの責任を取って内閣総辞職します。その経験から労働運動や学生運動に広がる左翼思想に脅威を覚え、反共産主義的な活動を行う民族派に加えて統一教会のような組織をも活用することを考えたものと思われます。

笹川は1967年6月に本栖《もとす》湖畔の施設で文鮮明と会合を持ち、翌年1月に韓国で、4月には日本で国際勝共連合が発足しました。会長は統一教会会長である久保木、名誉会長は笹川、顧問団には玉置和郎ほか自民党政治家が名を連ねました。玉置は1964年に発足した「生長《せいちょう》の家政治連合」の支援を受けて参議院議員に当選していました。

冷戦下、「反共」で自民党議員に食い込む

東アジアや東南アジアの戦後史は、東西冷戦体制において社会主義・共産主義－ソビエト連邦の陣営に属するか、資本主義・自由主義－アメリカと軍事的同盟関係を結ぶかで国

2002　日朝・拉致問題で共産党・朝日新聞批判など号外ビラを全国で配布
2003　「過激なジェンダーフリー」反対キャンペーンを展開
2004　「有害環境から青少年を守れ！」署名活動を展開
2005　UPF・平和大使協議会が創設される
2007　スパイ防止法制定促進3団体で共同講演会開催
2010　梶栗玄太郎会長就任。沖縄在日米軍基地をめぐる鳩山首相発言批判を展開
2011　東日本大震災でのボランティア活動に参加
2012　文鮮明総裁、梶栗玄太郎会長逝去。日朝・拉致問題で共産党批判、朝日新聞批判など号外ビラを全国配布
2013　太田洪量会長就任
2014　特定秘密保護法・集団的自衛権行使容認キャンペーンを展開。中国の尖閣・沖縄、南シナ海侵略を批判する号外ビラを全国配布
2015　平和安全法（安保法）支持キャンペーンを展開。青年学生遊説隊「勝共UNITE」が発足
2016　民共共闘路線への共産党批判号外ビラを全国配布
2017　梶栗正義会長就任。北朝鮮ミサイル問題を念頭に国際指導者会議を開催
2018　国際勝共連合創設50周年記念行事。日米韓結束訴え、憲法改正運動本格化へ
2020　同性婚反対ビラを配布
2022　共産党との「最終戦争」キャンペーン
2023　国際勝共連合創立55周年大会を開催。「全国弁連の真実」ビラ配布

国際勝共連合「国際勝共連合55年の歩み」より作成
https://www.ifvoc.org/history/

国際勝共連合の活動

1968　国際勝共連合設立
1969　朝鮮大学校認可取り消し運動
1970　世界反共連盟世界大会を開催
1972　「連合赤軍＝日本共産党」一大キャンペーンを展開
1974　各地で自主憲法制定国民大会を開催
1975　朝鮮総連本部に公開質問状、理論戦展開
1976　天皇在位50年記念奉祝行事に参加
1977　北方領土返還対ソ国民大会を開催。北方領土奪還1000万人署名運動
1978　京都共産府政打倒。日中条約反対キャンペーン
1979　スパイ防止法制定促進国民会議が発足
1980　ソ連軍のアフガン侵略を糾弾
1981　スパイ防止法制定促進の議会決議1000を超える
1982　ポーランド自由化支援キャンペーンを展開
1983　全国勝共支部300か所を達成
1984　勝共会員750万人達成
1986　日韓トンネル調査斜坑起工式参画
1987　日韓安保セミナー、韓国政府から表彰
1990　天皇即位式奉祝パレードに連合から2000人参加
1991　世界平和連合創設
1992　連合提唱者・文鮮明総裁来日
1993　性教育問題で、人間と性研究協議会・山本直英への公開質問状。過激な性教育への批判キャンペーンを展開
1994　「レフチェンコ事件裁判」で、社会党が解決金を支払うことで決着
1995　勝共推進地方議員セミナーを各地で開催
1997　夫婦別姓問題シンポジウムを開催
1998　久保木修己会長死去。共産党批判ビラ全国配布、沖縄革新県政を打倒
1999　大塚克己会長就任。共産党の「日の丸・君が代反対論」の欺瞞を暴く号外ビラを全国で配布
2000　日本共産党躍進を阻止へ批判ビラ全国配布（選挙で150万票減）
2001　小山田秀生会長就任

内政治も大きな影響を受けました。

反体制的な思想や活動は、開発独裁体制下では認められないのが普通でした。その点で日本は例外的です。日本の戦後は、マッカーサーによるレッドパージ（赤狩り）などで共産主義者の公職追放や締め出しなどがあったものの、共産主義や社会主義を党是とする政党が認められ、むしろ、マスメディアやアカデミズムにおいて左派政治思想のほうの影響力が強く、労働運動・市民運動も許容されたのです。

大学のキャンパスは圧倒的に左派の影響下にあり、自治会やセクトにオルグ（勧誘）されるか、大学教員によって授業科目として講じられるマルクス主義経済学やマルクス主義社会学に感化され、資本主義体制の終わりを予感していた学生は少なくなかったでしょう。

実際には、学生生活を終えて社会人となればイデオロギーなど忘れ、日本経済のために馬車馬のように働く企業戦士に転身するものが大半でした。しかしながら、1960年代の時代風潮に、笹川と岸は相当な危機感を持っていたのです。そのために、大学で唯物論に対して唯神論や反共思想を喧伝する原理研究会の活動は頼もしく見え、大学を中退して統一教会の専従職員－活動家になっていく統一教会員を使えると考えたのです。

国際勝共連合の活動は前ページの表にまとめてあります。国際勝共連合は、アジアの共産主義化を防ぐ手立てとして、①1970年の世界反共連盟世界大会、②1975年のアジア反共連盟総会、③1979年からスパイ防止法制定促進国民会議を日本で展開しました。世界反共連盟（WACL：World Anti-Communist League）とは、1954年に朴正煕の肝いりで設立されたアジア人民反共連盟（APACL）を国際組織に改組して1966年に台北で設立され、毎年世界各国で大会を開催してきました。久保木たちは自民党議員を中心に「勝共推進議員」を増やし、大会にも動員したのです。

1980年代から1990年代にかけての活動は引き続き旺盛なものでした。保守系議員への食い込み方としては、統一教会の若手信者を選挙の運動員や私設秘書として無償で派遣するのが一般的でした。私も、学生組織である原理研究会の学生であった幹部信者から、「政治集会へ市民を動員した際に自民党代議士に激励され、共産主義勢力との戦いで第一線にいると自覚した」という述懐を聞いています。

搾取する者とされる者

統一教会の組織には2つの階層があります。1960年代から1970年代にかけて原理研究会から勧誘され、学生活動家として統一教会の宗教運動に入っていった幹部層は、統一教会の専従職員となって老年期まで有給で働きます。そして指導者と中間管理職になります。

それに対して、1980年代以降に地区教会を通じて勧誘され、ビデオセンターや占いなどの定型化された教化システムで信者になり、「正体を隠した勧誘」や「霊感商法」の現場で働く末端信者は、合同結婚式までは衣食住だけを保障される無償労働の提供者となります。この層が新規の信者をリクルートし、無償労働者の再生産を担いますが、こうしたコマとなる労働力を用いても組織として稼げる金額は知れています。

そこで、1980年代までの高度経済成長によって裕福となった日本の中流家庭の専業主婦層をターゲットに、手相占い・姓名判断・家系図診断などで誘い込み、霊場と呼ばれる特設会場で数珠や高麗大理石壺、朝鮮人参茶などを因縁話で売りつける商売を始めます。そこで霊能者が先祖の祟りや因縁を説いて原価の数十倍の高額商品を購入させる手口です。

しかし、1987年に全国霊感商法被害対策弁護士連絡会が結成され、被害者の救済に乗り出します。弁護士たちが「霊感商法」という言葉を作ったのです。同連絡会によると、1987年から2022年までの被害総額は約1282億円に達しています。被害者が損害賠償請求訴訟を起こした事件では原告勝訴が確定しているものの、泣き寝入りした人や被害と認識することなく信者となった人も数万人の規模でいると推測されます。

安倍元首相銃撃事件の山上徹也被告の母親はまさにこうした人だったのです。彼女らは統一教会にとっては単なる資金提供者に過ぎません。統一教会の幹部層は、一般の女性信者約7000人を韓国の男性に嫁がせ、中高年の婦人信者たちから数千億円の資金を商品購入や献金の名目で収奪してきました。このことに深い罪悪感を持っている信者もいる一方で、現役の幹部層・リタイア組は、再臨のメシヤによる地上天国実現のための摂理的大事業として誇りを持ち、現在なぜ統一教会が日本中でバッシングを受けるのかわけがわからない、心外だという心境でしょう。

日韓トンネル構想

統一教会はこのような資金調達によって、国際勝共連合による右派政治家のロビイング活動や文鮮明のファミリー・ビジネスを支えていたのです。統一教会は霊感商品の生産・販売に加えて、信者の韓国聖地詣でを手配する世一観光、統一教会関連本出版の光言社や新聞社の世界日報、ワコム（後に統一教会系列から離脱）などのOA機器メーカー、水産物を北米の寿司店に卸すトゥルー・ワールド・フーズ、健康食品の物販など、日韓、北米や南米などで多種多様なビジネスを展開しました。

他方で文鮮明は、1981年に佐賀県の東松浦半島（唐津市）から壱岐、対馬を経て釜山へ至る全長220キロメートルの日韓トンネルの構想をうちあげ、地質学者や議員などからなる研究会や国際ハイウェイ財団を設立しました。1983年から2000年まで日韓トンネル研究会の会長を務めた佐々保雄は、青函トンネル工事において技術顧問を務めた地質学の専門家です。北海道大学教授や日本山岳会会長を歴任し、定年後しばらくして76歳から晩年まで日韓トンネルに関わりましたが、日本山岳会会長の前任者である西堀栄三郎が文鮮明を創設者とする「科学の統一に関する国際会議」(ICUS:International Conference on the Unity of the Sciences)に出席し、国際ハイウェイ構想を聞いて、日韓トンネルの研究会を佐々に勧めたといいます。

文鮮明は世界平和教授アカデミーをはじめ、政治家や学者をさまざまな国際会議に招待し、そこでコネクションを作り出していきました。佐々はおそらく名誉職の一つとして日韓トンネル研究会の会長を務めたのでしょうし、統一教会や国際勝共連合の活動に対して特段の見解も持っていなかったのでしょう。しかし、統一教会は青函トンネルに携わった佐々の名前を十分に活用し、日韓トンネルのために献金したという信者もいました。

私は2010年代に日韓トンネルの名護屋調査斜坑を敷地外から眺めたことがありますが、すでに廃墟然としていました。研究会のウェブサイトでは2024年時点でも報告書や報道記事を新たに掲載しているものの、実際には何もしていません。それでも、トンネル構想だけで政治家や学者を依然として動員しており、北海道選出の自民党所属の国会議員や北海道大学の名誉教授などが対馬視察や研究会に出席していたことが、北海道議会において共産党議員から追及されました。文鮮明があげたアドバルーンは40年以上も機能を果たしたわけです。

冷戦終結と反共活動の終焉

この時期の統一教会―国際勝共連合は、豊かな資金を有していたから種々の活動が展開できたのでしょう。しかし、会長の久保木修己が構想したとおりには国際反共運動は進みませんでした。1989年にベルリンの壁が崩壊して東西冷戦体制が崩れ、文鮮明が1991年に北朝鮮の金日成を電撃訪問して金剛山《クムガンサン》開発に資金援助の約束をして戻ってきたのです。同行した朴普煕は、前年度の世界言論人会議でゴルバチョフと文鮮明の面会を設定する（相応の資金供与）など、反共路線を転換しました。故郷である北朝鮮への望郷の念とビジネスの貪欲さが文鮮明の胸中にあり、共産主義打倒といった理念は消え失せたのでしょう。

はしごを外された久保木は、1998年に傷心のうちに亡くなりました。久保木が統一教会会長の職にあったのは、1964年から1991年までの27年間です。その後は韓国本部の指揮命令と幹部が入ってきて、日本の統一教会には自前で指導者を生み出す力がなくなっていました。1980年代の霊感商法が活発化した時代、霊感商品を取り扱う販社

（幸世商事＝世界のしあわせ＝ハッピーワールド）の古田元男（元社長）が統一教会の経済組織としての中枢にあり、教会組織もハッピーワールドの出先として教会員を販売員に使っていました。

そこで金儲け一辺倒で人材を使い倒すやり方に、久保木が統一教会の会長として宗教組織の矜持《きょうじ》を古田に示してもよかったわけですが、それはなされませんでした。日本は韓国へ贖罪のためにカネを送るだけでいいという文鮮明と韓国本部からのミッションに直接応えたのは古田だったからです。久保木は、国際勝共連合の活動に没頭して日本の存在価値を示そうとしたのですが、その役割もなくなり、あとは霊界に行くだけだと述懐していたといいます。

反共のミッションを失った国際勝共連合は資金や運営の人材にも事欠くありさまで、かろうじて自民党議員とのパイプを維持することに存在意義を見いだしていたようです。

２０１２年、文鮮明の死後、三男（世界原理研究会会長）・四男（統一教会維持財団理事長＝ビジネスの総帥）・七男（文鮮明に後継者に指名、後にサンクチュアリ教会指導者として独立）が抗争を始めると、それぞれの派閥に分かれて日本でも内部抗争が生じました。

最後は、文鮮明の妻で息子たちの母親でもある韓鶴子が、子どもたちの争いに愛想を尽かして自ら独生女（神の一人娘）と称して統一教会＝世界平和統一家庭連合総裁の地位に就いたものの、息子側につく幹部もおり、統一教会は3つ、もしくは4つの派閥に分裂したままです。

次節では、2000年代からの20年間、国際勝共連合がどのようにしてサバイバルしてきたのかを説明しましょう。簡単にいえば、反共政治団体から宗教右派と呼ばれるようなジェンダー・バックラッシュの尖兵《せんぺい》を買って出て、自民党保守派の政治家とパイプを形成していったのです。

3 ジェンダー・バックラッシュの煽動

イデオロギーの喪失と創出

1991年、文鮮明は金日成と経済協力（金剛山開発、平和《ピョンファ》自動車、ホテルなどへの投資）を約束することで故郷に錦を飾りました。台湾や韓国は反共的な開発独裁体制から民政化し、ソビエト連邦の解体によって東西冷戦体制が終結すると、もはや東アジアにおいて反共連盟の政治構想を共有できる国は失われ、久保木修己も二十数年間の会長職を辞しました。日本の政治においても55年体制が幕を閉じ、自民党と野党は政界再編の合従連衡《がっしょうれんこう》を

10年近く続けることになります。

ここに至って国際勝共連合が自民党にとって政治的道具であった存在意義は失われ、反共政治団体に代わるイデオロギーと政界戦術の再検討が求められました。久保木が自認していたように、韓国本部から課せられた活動資金送付のミッションには、日本が主体性を発揮できる余地がなく、日本でしか通用しない姓名判断や家系図診断を駆使した霊感商法を考案するくらいが関の山でした。そのために久保木は宗教団体の運営よりも勝共連合の活動に身を入れたわけですが、文鮮明からも自民党政治家からも必要とされない組織となったことに失意したのでしょう。しかし、そのような状況だからこそ、霊感商法で悪評の高い統一教会を政治の力で守る役割が国際勝共連合に求められました。

ただし、久保木の後に明確な指導理念と指導者があったわけではありません。その証拠に、充て職としての会長が短期間で交代していきます。勝共もやりつつ、新しいイデオロギーを模索していた時代がしばらく続きます。

性教育バッシング

1992年からの新学習指導要領で小学校に性教育が導入されることになりました。そのための指導者セミナーを開催していた〝人間と性〟教育研究協議会の代表理事・山本直英に対して国際勝共連合は、性交の実際や性的自己決定権の考え方を思春期前の子どもたちに教えることを批判した公開質問状を送付しました。

性解放思想に基づく性器・性交・避妊教育に反対するという統一教会の純潔教育は、サタンとエバの不倫、アダムとエバの性交によって人間が堕落したため、祝福まで純潔を保たなければならないという教義に基づきます。統一教会の教義も、人類の始祖とサタンとの不倫、アダムとエバとの時が満ちていない時期の性交など性的内容を含むのですが、性行為が人間の性的欲求からなされるものではなく、性行為には宗教的意味合いと子作りの摂理的意味があるという点で、世俗化された性教育とは一線を画すということなのでしょう。そのうえで、性教育の指導者と指導団体が左翼的性革命－伝統的な一夫一婦制の破壊を企図していると批判しました。

1996年には青少年問題セミナーを各地で開催しました。これも未成年の妊娠や不純異性交遊などから青少年を遠ざけ、健全育成をめざす同種の取り組みです。その翌年には夫婦別姓問題シンポジウムを開催していますが、これも夫婦別姓では家族の一体感が損なわれるという家族観に根ざしています。これらの活動を保守政治家にアピールしていくことが統一教会の活動にかかわっていきます。

2000年代に入ってもこの活動は継続されます。2003年には「過激なジェンダーフリー」反対キャンペーンを展開します。ジェンダーフリーという言葉は東京女性財団が1995年に初めて使用したとされ、メディアや政界、自治体を巻き込んで論争が繰り広げられました。保守派からの批判が「ジェンダー・バックラッシュ」といわれています。

統一教会が世界日報などメディアを通して、ジェンダーフリーは性別（社会的な性役割のみならず生物学的な性そのもの）の無効化を図った思想や政策であると批判キャンペーンを繰り返しました。それを保守政治家が国会や地方議会で取り上げて批判したために政府や自治体がこの言葉を使用することをやめ、性教育やジェンダー論の教育関係書籍を図書館の目立たないところに配置するなど過剰な反応を招きました。

実際のところ、ジェンダーフリーの含意は、性別でその人の生き方を決めつけないということであり、男らしさや女らしさにこだわるのもこだわらないのも自由だし、自分が自由にするのだから相手にも自由なあり方を認める、という人権意識教育や施策であったはずです。

しかし、批判側は「男女共同の更衣室やトイレまで設置された」といったありえない例を出して、子どもや青少年の保護を理由にジェンダー教育を否定したのです。性的な役割は自己決定ではなく、道徳的・社会的価値に根ざすべきであるという考え方が保守政治家の脳裏にあり、そこに統一教会がエコーチェンバー（価値観を共有しているコミュニティ内で特定の考えが増幅・強化されること）をこしらえ、識者や市民にも「行きすぎ懸念」をいだかせることに成功したのです。

２００４年に展開された「有害環境から青少年を守れ！」署名活動における、「青少年を守れ」「男性役割・女性役割のあり方を壊すな」という主張も同じものです。

ＬＧＢＴへの攻撃

国際勝共連合では、イデオロギーとしての共産主義の次に現れた「カルチャーとしての共産主義」を仮想敵に設定し、30年かけて攻撃を繰り返してきました。現在もウェブサイトにおいて、ジェンダーフリー、同性婚を批判対象に設定しています。どちらも性の乱れや一夫一婦制の破壊につながるという批判です。

とくに、ＬＧＢＴと同性パートナーシップ条例を「人権を装う性革命」として攻撃し、主要な論点として、①男性同性愛者は複数のパートナーを持つことからエイズ罹患者が多い、②女性の性自認を装ってトイレ・浴場などに侵入し女性に危害を加える男性が出てくる、③性的マイノリティを擁護するあまり多数派の性規範や家族観が性差別扱いされる、などをあげています（世界日報ＬＧＢＴ問題取材チーム、２０２２、『「ＬＧＢＴ」隠された真実　「人権」を装う性革命』世界日報社）。

①のデータの根拠は、バー、クラブ、街頭などでの匿名でのインタビュー調査によりHIV感染やリスク行為に関するデータを収集した衛生学的研究や、ターゲット集団として多数の男性との性交経験を有する男性同性愛者を設定した研究が多く、固定的パートナーのいる男性同性愛者と対照した研究は見られません。そういうわけでMSM（men who have sex with men）として扱われる人たちは、確かに国連合同エイズ計画（UNAIDS）でもHIV感染リスクは他の成人男性の20倍以上だったとされます。

②はそもそも性的マイノリティの犯罪の問題ではなく、性的多数派の性犯罪者の問題です。そして、トイレと異なり、個室を伴わない共同浴場などでは、当事者の心情に配慮したうえで、外形的な性別で使用を許可することを原則とすればよいのではないでしょうか。

③に関しては、性的マイノリティを異常視しないで性自認と性的指向の多様性の一つとして認めるということです。生物学的性と性自認が一致し、異性愛の指向を持つ性のあり方が多数派であっても、それを正統や規範としないということは、性的マイノリティも道徳的に特権的な地位にあるわけではないことと同じです。ですから、民族や性別で差別されないことが基本的人権である以上、性のあり方もそれ自体として認められ、人として公平に扱われる以上のものではありません。

統一教会の関連団体である「世界日報」は、男女共同参画社会づくり条例を制定した自治体に批判的なキャンペーンを繰り広げます。具体的には、2003年に同条例を制定した宮崎県都城市に「全国から同性愛者が集まる」と繰り返し批判的記事を掲載しました。

条例文には「性別又は性的指向にかかわらずすべての人の人権が尊重され、社会の対等な構成員として、自らの意思によって社会のあらゆる分野における活動に参画する機会が確保され、もってすべての人が均等に政治的、経済的、社会的及び文化的利益を享受することができ、かつ、共に責任を負うべき社会」をめざすとありました。しかし結果的には、2006年に新しい市長が「性別または性的指向にかかわらず」の文言を削除し、「すべての人から」としました。外部からの圧力で議員や市民の間に動揺が広がったために、市長は事態の収拾を図ったのです。

男女共同参画社会基本法はすでに1999年に成立していましたが、あくまでも男女の人権を尊重すること、対等であることを意識化・制度化することに主眼が置かれ、その時点ではまだ性的マイノリティの存在と配慮への視点は明文化されていませんでした。都城市はその点において先進的だったわけですが、ここを統一教会は突いたのです。

同性婚に反対する理由

2023年6月16日、性的マイノリティに対する理解を広めるための「性的指向及びジエンダーアイデンティティの多様性に関する国民の理解の増進に関する法律」（LGBT理解増進法）が国会で成立しました。この法律は理解の推進を規定するのみで、差別があってはならないと言及しているのは、第3条の「性的指向及びジェンダーアイデンティティを理由とする不当な差別はあってはならないものであるとの認識の下に、相互に人格と個性を尊重し合いながら共生する社会の実現に資することを旨として行われなければならない」というところのみです。

いうまでもなく、性的指向として自己表現に関わることは自由ですが、性犯罪のように他者の人権を侵害する行為は許容されません。典型的にはペドフィリア（小児性愛）や、児童ポルノ禁止法に抵触する18歳未満の男女に対する有害な性的行為などです。また、同性婚のような民法上規定される婚姻制度にまで踏み込んだ性の多様性を認める段階には至っていません。

統一教会が同性婚に反対するのはメシヤを中心とする祝福家庭の理念があるからですが、それを前面に出すと保守政治家がひいてしまうので、男性夫・女性妻の一夫一婦制が崩されるという危機感を表明しています。あわせて、子どもの福祉を考えれば、健全育成を成し遂げるための「父親」と「母親」の役割が重要であるという主張になり、ここでほかの保守的な家族像や道徳観を重視する右派的な党派と表面上は共同戦線を組めるようになるのです。

少し時代を遡って、教育基本法の改正の経緯から見ていきます。

教育基本法の改正と家庭教育

第3章でも詳しく述べますが、1947年に制定された教育基本法では、日本国憲法の理念に準じて「個人の尊厳」と「人格の完成」が重んじられ、「平和的な国家及び社会の形成者」としての教育目標が掲げられました。

それから約50年の間に改正の議論や教育改革もなされましたが、岸信介－福田赳夫《たけお》－安倍晋太郎－三塚博らが領袖《りょうしゅう》を務めた清和会の森喜朗首相のときには、2000年に小渕恵三首相が立ち上げた私的諮問機関である「教育改革国民会議」で積極的に教育基本法の改正が検討され、中央教育審議会は2003年に「新しい時代にふさわしい教育基本法と教育振興基本計画の在り方について」の答申をまとめました。

その内容をふまえて、第1次安倍内閣の2006年に改正教育基本法が制定され、「生涯学習の理念」「大学」「家庭教育」「幼児期の教育」「学校、家庭及び地域住民等の相互の連携協力」「教育振興基本計画」などが新項目として追加されました。

旧法では簡潔に述べられていた「教育の目標」のなかに、「伝統と文化を尊重し、それらをはぐくんできた我が国と郷土を愛するとともに、他国を尊重し、国際社会の平和と発展に寄与する態度を養うこと」が加えられたことで愛国心教育の是非が議論されましたが、それ以上に、新項目の追加によって高等教育および幼児・初等教育・社会教育において大きな変化が生まれます。

大学においては「自主性、自律性」と「社会の発展に寄与する」ことが求められ、2004年から始まった国立大学法人化によって運営費交付金が毎年削減され、経営基盤を強化するために企業との連携を含めた外部資金の導入が図られ、現在の稼げる大学に至っています。

研究資金調達と企業との共同研究を効果的に行えない人文・社会科学系の大学に所属している私の経験でいえば、この20年間で大学の個人研究費は数分の一に減少し、毎月2万円程度の研究費で書籍や電子機器の購入、出張費を算段するという笑えない状況になっています。これでも恵まれたほうだと他大学に勤める友人に励ましをもらう始末です。

家庭教育では、「父母その他の保護者は、子の教育について第一義的責任を有するものであって、生活のために必要な習慣を身に付けさせるとともに、自立心を育成し、心身の調和のとれた発達を図るよう努めるものとする。②国及び地方公共団体は、家庭教育の自主性を尊重しつつ、保護者に対する学習の機会及び情報の提供その他の家庭教育を支援するために必要な施策を講ずるよう努めなければならない」とされます。この第2項が根拠となって、家庭教育を推進するための自治体による条例制定の動きと教育の中身についての研修などが始まることになります。

ここに道徳教育を重視する教育者や宗教団体が関わっていくことになり、その一つが統一教会だったわけです。統一教会による自治体への介入を事例として見ていく前に、「親学」の動きを振り返っておきましょう。

親学と「江戸しぐさ」

親学の提唱者である高橋史朗は、生長の家学生会全国総連合（生学連）に所属していた保守の論客であり、感性教育や親学を啓蒙普及する活動を行うほか、明星大学、麗澤大学の教授も務めました。親学において、親は母性的・父性的関わりを通して子を教育する責任を持つことと、子どもの発達段階－胎児期・乳児期・幼児期・児童期・思春期に応じた子育てをするために親になるための学びをなすこととされます。

こうした高橋の問題意識の背景には、新型学級崩壊、児童虐待、発達障害的傾向を持つ子どもの増加などがあり、彼は子育て環境（愛着形成の不全）に由来する発達障害の存在を指摘することで、脳機能障害としての発達障害が適切に理解されないという保護者や医療関係者と論争にもなりました。

これらの問題を改善するために、親育てを官民一体となって行おうというのが彼の主張です。官からは2006年に親学推進協会、2012年に親学推進議員連盟（安倍晋三会長）を立ち上げ、家庭教育支援法の制定をめざしました。民としての活動が親守詩《おやもりうた》の普及であり、日本青年会議所（日本JC）などの協賛も得ながら各地で大会を開催しています。

親守詩とは、子どもが五・七・五の俳句形式、親がさらに七・七をつけた連歌形式にするかのいずれかで、「感謝」と「親ごころ」を表現する家族の短歌とされます。協賛団体の一つであるまほろば教育事業団は、『天皇陛下とわたしたち 子供たちに伝えたい七つのお話』『素読・暗唱のための言葉集 こころの輝きを見つけよう』などの書籍を刊行しています。この団体が募集する親守詩の作例は次のようなものです（同事業団ウェブサイト）。

（子）「おかえり」と　母さんの声　うれしいな
（親）君の「ただいま」　極上の幸

（子）四にんぶん　かぞくのぶんも　くつならべ
（親）後ろ姿を　にっこり見てる

ほのぼのとした作品ですが、親子の情愛を深めるだけで終わらないことが予測されます。同事業団の書籍を刊行する明成社では、「日本の歴史伝統文化など日本人の誇りを蘇らせる」書籍と「自国の歴史を深く広く学び、先人の思いを伝えることのできる」教科書の刊行を行っているようです。つまり、良好な親子関係を築くためには、日本の伝統的な精神や家族関係に立ち返る必要があるし、その自覚を持って歴史を学ばなければいけないという主張にどうしても結びついてしまうのです。

その極端な例として「江戸しぐさ」があります。江戸しぐさとは、越川禮子《れいこ》を理事長としてNPO法人「日本のこころ・江戸しぐさ」が商標登録した固有名詞であり、同法人の講演会でだけ聴講、会得できる江戸時代の町人たちの身体技法や思いやりの心とされます。元来は、芝三光《しばみつあきら》こと小林和雄という「江戸の良さを見直す会」を主宰する企業コンサルタントによるもので、越川が普及を買って出ました。

「繁盛しぐさ」として伝承されてきたふるまい方が芝三光によって江戸しぐさとして整理し直され、現在、このNPO法人が独占的に啓蒙普及することになっているのです。越川の講演会などで共鳴したものは、正会員となった後に普及員養成講座を受講して認定普及員となることができ、3万円の講演料で各種会合、学校などで普及活動を行えるとしています。代表的な江戸しぐさの例は次のようなものです。

- 傘かしげ……雨や雪の日、傘をさしてすれ違うときに、相手も自分も傘を外側に傾けてスッとすれ違う
- うかつあやまり……人込みのなかで足を踏まれたとき、踏んだほうはいうまでもありませんが、踏まれたほうも「こちらこそうっかりいたしまして」と謝る

そのほか数百におよぶふるまい方があるようです。こうした江戸文化の好事家《こうずか》の集まりの普及力は、当事者たちにも予想外なものでした。読売新聞ほかメディアで紹介したところ企業人や学校関係者に注目され、2014年版の道徳教育用教材『私たちの道徳　小学校五・六年』（文部科学省）で取り上げられたり、現在でも全日空グループの企業誌に記事が載ったりしています。

高橋史朗も「日本の子どもたちが礼儀正しかったのは、江戸町方で組織された江戸講や寺子屋などで親と地域が一体となって『江戸しぐさ』を教えてきたからです」（高橋史朗、2010、『脳科学から見た江戸の伝統的子育て　発達障害は予防改善できる』モラロジー研究所）と著書で言及するほどです。実際、NPO法人「日本のこころ・江戸しぐさ」では、

現在も親になる予定の方、子育て中・孫育て中の方へと「江戸しぐさ子育てくらぶ」の活動を進めています。

森友学園でも親学推進

歴史著述家の原田実は、2010年代から教育界に浸透する江戸しぐさを偽史として批判し、「親学」との関係や教育界への浸透ぶりに警鐘を鳴らしてきました（原田実、2018、『オカルト化する日本の教育　江戸しぐさと親学にひそむナショナリズム』ちくま新書）。実際、近世の歴史研究者は「江戸しぐさ」の存在をいかなる史料にも認められないことから存在を否定します。この点は、江戸しぐさが主張されてきた当時からの難点でした。

そこで越川は、口頭伝承であったことと、江戸城開城後に官軍によって「江戸っ子狩り」が行われ、怖れて逃げ出した人々は「隠れ江戸っ子」になったとしました。だから史料も継承者も残っておらず、唯一の例外が江戸講の講元の家であった芝三光だけなのだということのようです（越川禮子、1992、『江戸の繁盛しぐさ』日本経済新聞社）。ここが偽史たるゆえんなのですが、陰謀論のにおいを感じないでしょうか。

安倍元首相の妻・安倍昭恵が関わったとされる森友学園では、高橋史朗が同学園の塚本幼稚園で親学の講演を行っており、教育勅《ちょく》語《ご》の暗唱も行っていました。同学園の籠池泰典理事長夫妻が、「瑞穂の國記念小學院」の設立をめざして市価の数分の一で国有地の払い下げを受け、学校建設の工事代金水増しなどで国と大阪府、大阪市の補助金を詐取したとされ、ともに懲役の判決を受けました。

親学の周辺を見渡すと濃淡はあれ、日本会議や復古的な道徳教育で主導的な役割を果たす高橋史朗のような人物やその周辺において共鳴し合う復古的発想の持ち主たちが浮上してきます。こうした人々のネットワークに政治家も参加し、ナショナルな共同性を夢見てきたのでしょう。学校教育の現場で腐心する管理職や個々の教員にとっても、親学は魅力的だったかもしれません。

子どもの個性や多様性に目を向けすぎる教育よりも、社会性や公徳心の涵養《かんよう》に力を入れる教育に重心を移すことで、授業で立ち歩きをする子や教育サービスの消費者意識が強い保護者への対応で心を病み、休職・退職する教員が続出する現状の打開が図れると考えたかもしれません。「よい子」に育てることは、「いじめっ子」によるわが子の被害や「ワガママ」な子による学級崩壊を怖れる保護者のニーズに合うし、学校組織の管理運営上も楽なのです。さらにいえば、子育て不安を抱える親にとって同じように教育方法に迷っている教師よりも、信念を持って厳しくしつけてくれそうな集団や指導者に魅力を感じるのでしょう。

親学や江戸しぐさの周辺にいる人々は必ずしも宗教右派と目されるような思想や信条の持ち主ではなく、具体的な問題解決に役立ちそうな素材であれば何でも利用する実利的な志向の持ち主かもしれません。これは家庭教育に賛同する政治家にもいえることです。求心力のあるアイディアや集団に自分も関わっておけば、そこから支持を得られるかもしれないということで、中身がなんであるかはそれほど気にしていない可能性もあります。

統一教会による家庭教育支援推進運動に戻りましょう。

4 ねらわれた旭川市「家庭教育支援推進条例」

女子中学生いじめ凍死事件

旭川市では、2019年に「同性婚問題を考える旭川の会」が結成され、2020年に「旭川家庭教育を支援する会」も設立されました。そして同年、条例制定を懸念する「旭川家庭教育支援のあり方懇談会(翌年「考える会」に名称変更)が立ち上がり、双方のキャンペーンが約2年間展開されました。ところが、2022年7月8日の安倍元首相銃撃事件後に事態は急展開し、メディアが推進派の議員と統一教会関係者との接点を報道するなかで、支援する会は解散しました。

議員や市長による政治活動と市民運動が対立した旭川市は、人口約32万人を抱える北海道第二の都市であり、動物たちの行動展示で一躍有名になった旭山動物園をはじめ道央観光の拠点です。実は、旭川市は家庭教育支援推進条例の問題以上にいじめ問題で全国的に知られていました。2021年、中学2年生の女子生徒が自殺し、1か月後に凍死体で発見された事件です。

2019年に地元公立中学校でいじめにあった中学1年生が自殺未遂を起こし、別の中学校に転校後、不登校になっていました。そして、2021年2月に行方不明になり、3月に凍死体が公園で発見されたのです。

保護者は、中学校に入学してすぐ娘の精神状態が不安定になり、自殺未遂を起こした後、携帯電話の記録から同級生にわいせつ画像の送付を要求され応じてしまったことを知り、学校に相談しました。しかし悪ふざけ、いたずらの延長との説明を受け、さらに「10人の加害者の未来と1人の被害者の未来、どっちが大切ですか。1人のために10人の未来をつぶしていいんですか」と説得されました。何ら対応がなされないまま生徒は転校せざるをえず、さらに加害生徒たちからの連絡などもあり、心的外傷後ストレス障害（PTSD）と診断され、転校先でも不登校になっていたのです（NHK『クローズアップ現代』202

1年11月9日、2022年1月7日)。

初回の自殺未遂事件では警察が女子中学生を保護し、被害者がいじめグループ10人近くに囲まれてウッペツ川へ飛び込んだことと、わいせつ画像を送付させた加害生徒が携帯電話を初期化して証拠隠滅を図ったことを確認して児童ポルノ禁止法違反で厳重注意処分、囲んだ生徒を強要罪で調べ、厳重注意処分としました。その後、「謝罪の会」が開かれたものの、学校側はいじめの事実はなかったと被害者と旭川市教育委員会に報告していました。

それから約1年半後、女子中学生が命を断ってから旭川市は第三者委員会を設置し、2022年9月に「菓子や飲み物の代金を頻繁におごらせたり」「性的な動画送信を求め続けたりした」行為などをいじめと認定したものの、いじめと自殺との因果関係は認めませんでした。旭川市教育委員会委員長が責任を取って辞職したものの、遺族側が調査報告を不服としたため再調査となりました。教育評論家の尾木直樹を委員長とする再調査委員会は2024年6月30日、7件のいじめと自殺との関係性を認定し、学校と市教委の対応は不適切だったと指摘する調査結果を明らかにしました。

最初の調査委員会のときの市長であった西川将人は衆院選に出馬するために辞職したものの落選し、次の市長である今津寛介が対応しているのですが、その今津が家庭教育支援を選挙公約に掲げて市長になっていたのです。

落選議員に近づく教会関係者

今津寛介は、1990年から2017年まで通算7期衆議院議員を務めた今津寛の息子です。今津寛は、神道政治連盟国会議員懇談会、日本会議国会議員懇談会、みんなで靖国神社に参拝する国会議員の会に所属していたことからも、保守の政治家であることは明らかでしょう。新政策研究会（三木－河本－高村－大島－山東で麻生派に合流）に属し、長男が道議会議員の今津寛史、二男が今津寛介と、道央を拠点とする政治一家です。兄弟とも父が国会議員の時代から秘書として活動し、寛介は2度目の市長選挙で当選しました。

今津寛介市長は2022年8月30日の記者会見で、①2018年の市長選落選時に旭川家庭教会（統一教会の地区教会）を訪問したこと、②2021年の旭川市長選の前に同教会を再度訪問したこと、③同年11月に統一教会幹部から当選祝いを受けて市長選の公約に家庭教育支援推進条例の制定を入れたのは、「旭川家庭教育を支援する会」の要請を受けてのことだった、と語りました（「北海道新聞」2022年8月22日）。実際、市長は2021年に「旭川家庭教育を支援する会」と「同性婚問題を考える旭川の会」の顧問になっていました。この記者会見後、市長は顧問を辞めています。

今津市長とともに旭川家庭教会が支援したとされるのが、「旭川家庭教育を支援する会」会長であった東《あずま》国幹《くによし》衆議院議員です（選挙支援のポスターが同教会に掲示。北海道テレビ放送、2022年8月30日）。東は衆議院議員であった佐藤静雄の秘書を経て旭川市議会議員を1期、道議会議員を5期務めた後、2021年の衆院選で旭川市長を辞職して立候補した西川将人を破って初当選しました。

東は道議時代に「ピースロード」のイベントで関係者と接触し、日韓トンネル世話人会、日韓トンネル議員連盟立ち上げ会などに出席し、2018年と2019年に政務活動費を使用して佐賀県唐津市や対馬の現地視察を行っています（北海道文化放送、2022年9月16日）。そして、旭川家庭教会を中心に「旭川家庭教育を支援する会」が設立されると会長に就任したのです。2021年の衆院選では選挙公約に「家庭教育の充実」を明記しています。

今津、東ともに落選後の浪人時期に統一教会からアプローチを受け、地元の後援者として協力を期待しながら関係を持ったのでしょう。これが政治家と統一教会が関係を持つ典型的なパターンです。両者とも、事件後のメディアからのインタビューには統一教会との関係については接点を認めるものの、詳細については明言を避けました。なお、東国幹議員は、野村パターソン和孝旭川市議を訴える1200万円の損害賠償請求訴訟を起こしています。野村市議は東議員を、統一教会から選挙支援を受けた可能性があるとしてSNS

上で追及したのですが、「平和連合による東氏の選挙応援を示す証拠」が捏造であると東議員が反論したのです（Twitter〔現・X〕、のむらパターソン和孝〔npk〕、2022年10月21日）。

草の根からの勢力拡大

2019年に結成された「同性婚問題を考える旭川の会」には毎回50名前後の参加者があり、政治家の参加もあったことは政務活動費の参加費・資料代などの支出項目からわかります。第1回の講演者である八木秀次は一般財団法人日本教育再生機構理事長を務め、育鵬社の歴史・公民の教科書採択を各地の教育委員会に勧めてきました。育鵬社は2007年に設立され、改正教育基本法および学習指導要領に記された「我が国と郷土を愛する」「公共の精神を尊ぶ」という目標をふまえて中学校の歴史、および公民教科書を制作しています。

第2回の講演者の池谷和子は、統一教会の関連団体である「平和大使協議会」が2011年に設立した一般社団法人平和政策研究所において「憲法・民法から見た同性婚合法化の是非―婚姻制度の立法趣旨と子供の福祉の視点から」という政策レポートを執筆しています。

その趣旨は、2021年の札幌地裁における同性婚訴訟判決において「異性愛者と同性愛者の差異は性的指向のみであり、婚姻によって生じる法的効果は等しく享受しうるとして、事実上、同性婚を容認している。これは、結果として憲法第24条の婚姻の定義を無視するものであり、憲法解釈に矛盾を生じさせる判断といえる」ので、子どもの福祉を欠落させた婚姻制度の解釈には問題が多いと論じています（一般社団法人平和政策研究所「政策レポート」2021年6月22日）。第3〜5回の講演者は、統一教会の関係団体の役職者です。

一方、「旭川家庭教育を支援する会」の会長は東国幹衆議院議員であり、理事に北海道議会議員、市議会議員が名を連ねています。そして旭川家庭教会の総務部長が事務局を束ねていました。講演会には、同性婚問題を考える旭川の会とは異なり、保守の論客というよりは、家庭教育そのものに意義を認めている道内の教育関係者や大学人を招いています。

旭川家庭教育を支援する会は、オール旭川の体制で家庭教育支援条例の制定に臨んでいたことが明らかです。役員名簿を見ると、旭川市議会の自民党会派13名のうち11名が参加しており、市長以下、自民党は家庭教育支援条例制定に最大限の支援・後援を行っているといっても過言ではないでしょう。ここまでの体制を構築した旭川家庭教会の手腕には驚かされます。

このように統一教会は、国会議員・道議会議員・市議会議員の看板を十分に利用しています。公共施設を利用した勉強会や集会では、誰が主催者か関係者かで会の目的や組織の中身に踏み込むことなく貸し付けられます。旭川市では、2017年4月から2022年9月8日までの統一教会や関連団体などに対する公共施設の貸し出しを調べたところ、計68回の接点を確認したとされます。しかも、世界平和統一家庭連合の講演会やフェスティバルにはマスクを2度ほど寄贈し、旭川家庭教育を支援する会に対しては、旭川市が6回ほど後援しました（「北海道新聞」2022年12月16日）。市の後援は会の信用性を高める効果があり、一般市民も参加しようという気になるでしょう。

他方で旭川市は、2023年1月7日に開催されたウィメンズネット旭川の講演会「女たちは、なぜこんなに生きづらくなったのか？ ～統一教会などの動きとバックラッシュ～」（講師：室蘭工業大学教授・清末愛砂《きよすえあいさ》）に対しては、演題に特定教団の名称があったからという理由で名義後援を拒否しました。家族法などを研究する法学者が家族生活での両性の平等などを解説し、統一教会が掲げる保守的な家族観を批判したという講演内容でした（「北海道新聞」2023年2月4日）。

旭川家庭教育を支援する会が統一教会と自民党の議員たちで行われたとするのであれば、批判する市民の会「旭川家庭教育支援のあり方を考える会」は、市民や教員・女性のグループと共産党（市議会議員4名）ほかの旭川市政に批判的な地方議員によって担われてきたといえるでしょう。

私も旭川家庭教育を支援する会が解散した後に「考える会」の最後に登壇しました。統一教会問題は解決の緒に就いたばかりで、統一教会および関連団体の活動は中央・地方教会ともに今後とも継続していくので、市民による注視が必要であると話しました。

仮に安倍元首相の事件がなければ、旭川市で家庭教育支援推進の条例が制定されていた可能性もあります。実際、議員や自治体の首長の提案による家庭教育支援条例は都道府県で10団体、市町村で6団体が制定しており（2024年6月1日時点。一般財団法人地方自治研究機構）、さらに、いくつかの自治体においても統一教会関連団体の働きかけを受けました（「東京新聞」2022年9月3日）。

統一教会は地方レベルで国会議員・地方議員に接触し、少しずつ勢力を拡大してきたのですが、中央の政治においても相当の接点と深い関係を維持していました。国際勝共連合が岸信介元首相の時代から安倍家3代を軸として自民の保守政治家と関係を結んできたことが、安倍元首相銃撃事件後にメディアによって明らかにされました。もっとも、この点には霊感商法被害対策弁護士連絡会が長年、政治家や自民党そのものに関係を見直すように注意を喚起し、ジャーナリストも問題を指摘してきたのですが、報道機関が本気で取り上げるニュースにはなりませんでした。

5　安倍派と統一教会

選挙協力を通じてアプローチ

安倍元首相銃撃事件から数か月間、メディアは連日、自民党政治家と統一教会関連団体（天宙平和連合や世界平和女性連合）との関係を報道し、国民は統一教会が日本の政治に食い込んでいた実態を知らされました。

共同通信による国会議員アンケートによれば、712人中106人が接点ありと報じられ（「共同通信」2022年8月13日）、第2次岸田改造内閣では54人中23人（複数回答で選挙での支援5人、政治資金のやりとり4人、会合出席15人、祝電9人）の関係が明らかになりました（「朝日新聞」2022年8月16日）。また、朝日新聞が全国の国会議員、都道府県の議員、知事を対象に実施したアンケート調査では、国会議員150名、地方議員290名、知事7名が接点ありとの回答でした（「朝日新聞」2022年9月4日）。

統一教会の地域教会は全国に点在し、選挙の地方区につき数か所はあるでしょう。前項で述べた旭川のようなやり方で接点を持っていたのであれば、ほとんどの自民党ほか保守系の国会議員に対してアプローチがなされ、統一教会など頼りにせずとも済む議員が応じなかっただけのことではなかったかと考えられます。

自民党が2022年9月8日、衆参両院議長を除く379名の党所属議員に対して統一教会との接点を回答させる点検作業を行ったところ、179人の接点を確認し、121人の氏名を公表しました。アンケート調査で接点なしと回答した議員たちが裏を取られる前に、自分たちから情報を出したほうが得策だと判断したのでしょう。

茂木敏充幹事長は「9割近くの議員が関連団体であることとの認識がなかった」と述べました。これは政治家や自治体の長たち、あるいは日韓トンネルや世界平和教授アカデミーなど関連団体に誘われた大学関係者などの決まり文句ですが、その程度の見識で政治家や大学人が務まるのかとも思われます。政治家や自治体の長たちには複数名の専任の秘書や側近がついており、渡された名刺の人名や肩書き、団体名などを検索すれば、統一教会と関連があるか否かなど容易に判別できます。要するに、関係を維持することで利得があると政治家もしくは下の者が判断したからこそ、関係が深くなったのです。

その際、相手が統一教会とわかったところで、その社会問題性など気にもとめなかったのではないでしょうか。その点を後日指摘された政治家は、1992年の3万組合同結婚式は参加者にアイドルや有名スポーツ選手がいたためにメディアが取り上げたけれども、それ以降ほとんど報道がなかったので問題があるという認識はなかったと、口々に責任をメディアに転嫁しました。

自民党政治家が統一教会からのアプローチを断らなかった理由は3つほど考えられます。

① 選挙協力（政治家の利得）

岸信夫元防衛大臣（安倍元首相の実弟）は無償で選挙運動員や私設秘書などを統一教会関連団体から派遣してもらうなど、長年の付き合いがあることを認めました（「東京新聞」2022年7月31日）。公職選挙法は車上運動員や事務員を除いて運動員の雇用を禁止しているので、電話かけ、ポスター貼り、街頭演説の動員などで運動員の派遣を得られれば助かります。

地盤・看板・鞄に心配のある新人議員や選挙に弱い議員（小泉元首相や安倍元首相のときに選挙で大勝した「チルドレン」など）ほど、こうした申し出を断れないし、いったん懐（地元選挙組織）に飛び込まれたらなかなか手を切れなかったのでしょう。世話になったお礼に送られた祝辞や、イベントでの挨拶などによって、信者たちは自分たちの活動が世間から白眼視されていても、政治家の先生方はしっかり見ていてくれると意を強くしたでしょう。統一教会は政治家に借りを作らせることで、いざというとき、すなわち議会で統一教会批判が出たときに味方になってくれるような応援団を組織したかったのです。

② フロント団体を通じた世論形成（自民党の利得）

国際勝共連合は、スパイ防止法制定運動（廃案後、2013年に特定秘密保護法として成立）やジェンダーフリー反対運動などを通じて、保守派の政治家の主張を草の根レベルで拡大してきました。戸別訪問やポスティングなど、政権与党の自民党が直接できないことをやるのです。

萩生田光一前自民党政調会長は、世界平和統一家庭連合が家庭の重要性を説き、世界平和女性連合が女性の活躍を支援しているから接点を持つことになったと述べました（「朝日新聞」2022年8月19日）。2009年から2012年まで浪人中だった同氏は平和大使協議会（当時の事務局長は家庭連合の田中富広会長）の平和大使として「青年指導者フォーラム」などで頻繁に講演し、八王子教会の礼拝でも講演することがあり、信者たちは同氏の選挙活動も手伝っていたとされます（TBS「報道特集」2022年8月20日）。

③ フロント団体を利用した布教活動（統一教会の利得）

統一教会は、地域教会のみならず、あらゆる機会を使って日本国民を統一教会員にすることを目標に活動してきました。その際、統一教会は政治家に影響力を行使し、上から日本人の教化を企図していたのです。地方自治体のイベント開催に統一教会の関係団体が相乗りし、政治家や企業家など地元名士と交流したり、市民向け講座を開催したりして統一教会の政治的主張を拡大します。

天宙平和連合主催で全国62ルートにおいて平和を訴え自転車を乗り継ぐ「ピースロード」に関しては、前項で述べた旭川市や富山県でも知事・市長・県議会議員の関わりが報じられており、岡山県の全市町村が関わるなど、全国の自治体で同様の働きかけがあったのでしょう（NHK、2022年8月9日・20日）。

派閥と組織票

2024年6月6日、自民党派閥の裏金事件を受けた政治資金規正法の改正案が衆議院を通過しました。事の発端はしんぶん赤旗のスクープ報道（2023年11月6日）と、神戸学院大学の上脇博之教授が、自民党の5派閥が2018〜2021年分で計約4000万円にのぼる政治資金パーティーの収入を政治資金収支報告書に適切に記載していなかったとして東京地検に告発状を提出したことから始まりました。

東京地検が調査を進め、2023年末に関係先の家宅捜索に踏み切り、特捜部は派閥の会計責任者と事務担当者の一部に刑事処分を行いました。5年間の裏金額（パーティー券ノルマ額を超えた分のキックバックを収入とせず私用した額）は、安倍派で約6億7000万円、二階派で約2億6000万円、岸田派は3年間で約3000万円とされます（「日本経済新聞」2024年1月19日）。

世論の批判を受け、安倍派（96人）、岸田派（46人）、二階派（38人）、森山派（8人）は2024年1月に、茂木派（45人）は4月に派閥の解散を表明しましたが、政治団体は存続していますし、麻生派（55人）は解散に言及していません（「朝日新聞」2024年4月17日）。

現在は活動を停止している自民党の派閥ですが、これまで政策集団、選挙支援や閣僚を輩出する組織として大きな役割を果たしてきました。自民党の派閥のなかで統一教会との接点が最も強かったのが安倍派－清和会（岸信介の派閥を継いだ福田赳夫、安倍晋太郎、森喜朗、小泉純一郎、細田博之らを経て安倍晋三）でした。

清和会が最大派閥であり続けたのは、この20年間で小泉純一郎、安倍晋三というキャラクターが濃く、選挙に強い政治家を得た結果、多数のチルドレン議員を取り込んだためです。一つの特徴として、保守的政治志向の強さから文教政策や外交問題などに関心が高く、そのために保守的な志向の強い宗教団体や道徳団体、あるいは日本会議のような保守系団体と接点を持ち、選挙支援などを受ける傾向がありました。国際勝共連合が長年関係を維持できた理由もここにあります。

もう一つの特徴は、業界団体との関係が薄く（小泉元首相は郵政民営化などで他派閥の議員や関係団体とも対立）、派閥として選挙資金を議員に配る算段がなかなか難しいという弱点を抱えていることでした。選挙区で勝ち続けることが難しいチルドレン議員は、派閥の選挙対策に大きく依存し、派閥の領袖が差配できる組織票や政治資金パーティーで派閥が集めた政治資金の還流に依存していました。

そのために、組織票の点では若干名の議員が統一教会との関係を深め、政治資金の還流では政治資金収支報告書に記載することなく裏金としていった議員の数や金額が自民党内で最も大きかったのです（「朝日新聞」２０２３年12月15日・19日）。

「食口《シック》になった先生」

２０２２年7月28日、北海道テレビは北海道選出の元参議院議員で参議院議長も務めた伊達忠一の電話インタビューを放映しました。伊達が7月の参院選において現職の宮島喜文参議院議員のために（前回同様に）統一教会関連団体の組織票を差配するよう安倍元首相に依頼したものの、今回は難しいとの返答があり、宮島議員は出馬を断念したというものです。放映の翌週には伊達は安倍元首相ではなく、当時清和会会長であった細田博之（元官房長官・元衆議院議長。統一教会関連の疑惑には何も答えず、2023年11月10日死去）に依頼したと発言を変更しましたが、その後は取材には応じていません。

伊達は宮島と同じく元臨床検査技師であり、日本臨床衛生検査技師会から候補者を擁立することを考え、2015年に当時の会長であった宮島に出馬を打診しました。

朝日新聞は宮島が直接取材に応じた談話として、伊達氏から党の支援団体の票をもらってきたと言われ、団体名が世界平和連合であり、陣営幹部から統一教会と関連があると教えられ戸惑ったが、教団側の支援が公になると危ういと考えトップシークレットと位置づけた。外でおおっぴらに言ってはいけないと忠告されたという証言を2022年8月20日に報道しました。

宮島によると、2016年の選挙期間中、全国遊説の合間に指定された教会十数か所に行き支持を訴え、平和連合はボランティアで数万通のハガキの郵送を手伝い、ビラの配布もしてくれたとのことです。結果的に、陣営幹部の分析によれば、日本臨床衛生検査技師会の組織票が3万から3万5000票、関連団体が2万票、教団票は6万から7万票を獲得し、当選したとされます。

宮島議員はこの後、清和会に入り、議員在職中にお礼の挨拶回りや教団主催の研修会に参加して平和連合への理解を深めることになりました。またこの研修中に安倍元首相が登場するビデオを視聴し、教団の理解者であることを伝えられたといいます。

ところが、宮島議員は2021年に党の公認を得て翌年の参院選出馬の準備を始めたものの、年始めに伊達から忠告を受けて安倍元首相への面会を行い、「前回と同じように応援票を回してもらえないか」と依頼したところ、明確な回答を得ることができず、翌年3月に再度訪問した際、今回は自分でやるように、と告げられたそうです。

そこで宮島議員は、2022年の参院選に安倍元首相の首相秘書官を務めた井上義行が立候補を予定し、安倍元首相が井上に平和連合の支援を一本化すると受けとめ、総合的に判断して当選は難しいと立候補を断念したというのです。

井上は、統一教会の集会において「食口《シック》（統一教会の会員）」になった先生として紹介され、比例区は「投票用紙2枚目は井上義行」と教団指導者から指示があったときの映像をテレビで放映された参議院議員です。当人は信者ではなく「賛同会員」であるとの説明をしましたが、議員当選後に辞めたと述べました。

井上は2019年の参院選において約8万8000票で落選していますが、2022年は得票数を約16万5000票に倍増させました。朝日新聞は、全国の自治体を統一教会の家庭教会と呼ばれる施設がある259自治体と施設がない1637自治体に分け、自治体の有権者数ごとに4分類を行って変化を見たところ、2019年と2022年の得票率では、施設がある場合、都市圏では0・16ポイント、地方都市では0・41ポイントほどの上昇が見られたとのことです。

井上は得票増の要因について、「世界平和連合の企画などYouTubeなどネットを通じて国民向けに支援を呼びかけた」ためとしていましたが、統一教会の組織票が井上に投じられた可能性を、朝日新聞は宮島の独占談話とあわせて報道しました（「朝日新聞」2022年8月20日）。

以上、統一教会と自民党との関係について述べてきました。この章を終えるにあたって、その関係の特徴を小括しておきましょう。

コリア・ナショナリズムの支援者

2000年代以降の政治活動は、国際勝共連合独自の活動というよりも、統一教会の関連団体である世界日報や政治ロビイング団体の天宙平和連合（附設の平和大使協議会やピースロード事業）と世界平和女性連合（どちらも国連NGO）、国際ハイウェイ財団や世界平和教授アカデミーといった学術系イベント団体、および家庭教育支援を進める会といった地方組織などによる複合的な活動でした。

右派的政治運動として日本会議ほかの運動に協賛するようなジェンダーフリー反対キャンペーンや、スパイ防止法から特定秘密保護法の制定に向けた運動を展開しながら、2012年に文鮮明が死去してからは韓鶴子を総裁とする世界平和統一家庭連合関連の「家庭」を前面に出した保守的政治活動を展開します。

また、原理研究会の大学生を動員して「勝共UNITE」という学生団体を結成し、2015、2016年に国会議事堂前で反安保法制・反原発などデモを実施した「自由と民主主義のための学生緊急行動（SEALDs）」へ対抗すべく活動しました。

国際勝共連合は、政治的な反共活動から文化的な反共活動と称して左派系のジェンダー論者や性的マイノリティの人権運動（LGBTQへの差別禁止やパートナーシップ制／同性婚の議論）と対峙し、そこで保守系の政治家とも結びつきました。

しかしながら、2010年代以降、東アジアにおいて尖閣諸島の所属をめぐって日本が韓国、中国、台湾と対立し、歴史認識問題が韓国・中国との間で再燃化するに至って、国際勝共連合が述べてきた世界情勢論の信頼性が崩れました。アジア反共連盟の構想は1980年代には霧散し、文鮮明自身が北朝鮮の金日成と手を結び、中華人民共和国は世界の工場として飛躍的な経済成長を遂げ、ソビエト連邦崩壊後のロシアも資源大国として、また覇権国家としての勢力を維持しています。

そのうえ、文在寅政権が、朴槿恵政権までの韓国政府と日本政府の間で政治的決着をつけたことにしていた従軍慰安婦や徴用工に関わる問題において、国家的補償（日韓基本条約やアジア女性基金など）は済んだとしても個人に対する賠償責任は決着していないという判断を示すことで、日韓関係はぎくしゃくしました。

国際勝共連合をはじめ、統一教会関連の政治団体が提示する世界の現状認識は非現実的なものです。それにもかかわらず、天宙平和連合の集会にドナルド・トランプ前大統領や安倍元首相がビデオメッセージを寄せたのは、トランプにはビデオ出演3回で計250万ドル（約3億円）を超える謝礼が支払われてのことであり（「毎日新聞」2023年10月25日）、安倍元首相は前項に示したような組織票に対する配慮があったものと推察されます。要するに、カネと票でしか政治家の関心をひけなかったのが統一教会の実情でした。

統一教会の摂理史観によれば、世界は韓国をメシヤの国とする地上天国となり、日本は韓国に屈服することになります。国際勝共連合の右派的理念は、韓国のナショナリズムと呼応するものであっても、日本のナショナリズムとは相反するものです。そのことを隠しながら、日本の保守政治家や右派政治運動に接近し、自らの政治的活動空間を確保し、政治的道具としての有用性を政治家にアピールしてきたのです。

日本の保守政治家や知識人が、統一教会のコリア・ナショナリズムを知っていて使ってきたのであれば、国益と国民の人権をまったく無視しており、保守の看板をおろすべきでしょう。この問題に対する踏み込みが日本の政治でもメディアでも不足しています。

私は安倍元首相銃撃事件以降、フィガロやニューヨーク・タイムズをはじめ20社近い海外のメディアに取材を受けてきましたが、記者が必ず質問するのは、ジャパン・ナショナリズムのアイコンであった安倍元首相が、なぜコリア・ナショナリズムの統一教会の最大の支援者として殺害されたのかという疑問でした。

「保守」という欺瞞《ぎまん》

安倍元首相は、従軍慰安婦問題に関してお詫びとアジア女性基金による見舞金を実現させた河野談話や村山談話の基本方針を踏襲することなく、2015年においても「慰安婦は人身売買の犠牲者である」として日本軍による強制を示した資料のないことを繰り返しています。それは事実ですが、慰安所の設置や、慰安婦の募集と管理を斡旋《あっせん》業者に委託したことは確かであり、娼妓《しょうぎ》を含め役務の内容がわからないまま応じた女性もいます。朝鮮半島が日本帝国の植民地支配を受け、劣悪な生存条件の下で身売りを余儀なくされた事情を汲めば、なかなかできない発言でした。

それほどに韓国の歴史認識とは相容れない修正主義的な歴史認識の持ち主が、なぜ、従軍慰安婦の霊が憑いたといわれて清平の修錬苑で多額の献金をした日本人女性たちに思いを馳せることなく、統一教会関連団体の集会にメッセージを寄せ、韓鶴子総裁を褒め称えるような言動をしてしまったのでしょうか。これこそ日本のエニグマ、謎ではないでしょうか。

この問題は、保守や右派を自任する論客たちも等閑視《とうかんし》しています。私はここにこそ、日本の保守主義者たちの特徴が表れているのではないかと考えるのです。簡潔にいえば、日本の保守とは既得権益の擁護にかかわる認識であって、国益とか国民とかネーションとして示される国家の概念とは関係がないのです。日本の伝統文化や神道などの精神文化とも結びついている印象がありますが、それは体裁であって実質はプラグマティック（実利志向）な精神構造です。

その証拠に、安倍元首相の死を悼んで国葬はなされましたが、その原因を作ることになった統一教会への対応は後手に回り、むしろ、自民党と統一教会との接点や関係の払拭というイメージングを図ることを優先し、統一教会による霊感商法や多額の献金要請に苦しむ元信者や宗教二世の救済に踏み込みませんでした。

日本の保守系の雑誌や論客も、統一教会問題については、怒るでも不明を恥じるでもないのです。では、なぜ、これらの人々は「保守」のアイコンを用いるのでしょうか。それは、「保守」のポーズが人を惹きつけるからです。

この問題を次章で考察していきましょう。日本会議です。

日本会議の前身である「日本を守る国民会議」が1981年に設立会議を持ち、福田信之（元筑波大学学長）はそのときの発起人になります。福田は、世界平和教授アカデミー会員にして同アカデミーの企画委員長でした。そして、松下正寿（元立教大学総長）世界平和教授アカデミー初代会長もこの設立会議に参加しています。笹川、岸以来の右派的保守政治家に加えて、一部大学人も巻き込んだ保守政治サークルを通じて国際勝共連合は日本会議ともつながっていたのです。

第3章
日本会議と「日本の右傾化」

1　近現代日本の宗教行政

「祀る」と「祈る」

日本会議について見ていく前に、日本の宗教文化と近代の宗教行政について簡単に説明しておきます。

日本会議と神道という宗教文化は関係が近そうに見えるのですが、地域の神社に根ざす神道文化と国民国家の戦没兵士を祭祀する靖国神社にはだいぶ距離があります。慰霊祭祀をもっぱらに行う国家護持の神社がなぜ生まれたのか。それが第二次世界大戦後、宗教行政の基本方針がどう変わり、現在の宗教法人法が制定されたのか、包括宗教法人となった神社本庁や一宗教法人となった靖国神社のあり方をおさえておくことで、日本会議の主張を戦後史に位置づけることができます。

信仰の形態的な現れとして、神仏や諸霊を「祀《まつ》り」、それらの権能や霊験に依り頼む「祈り」という行為が、神道でも仏教でも、ほかの宗教でも共通して見られます。日本の宗教文化でいえば、山岳や海の彼方、大岩や滝などが神的なものとして崇拝され、ご神体となっています。

天皇家の氏神としての伊勢神宮や、記紀神話に関わる由緒のある神社では、冠婚葬祭や年中行事に関わる諸祈願がなされます。インドから中国を経由して日本に入ってきた仏教でも、歴史上の人物であった釈迦牟尼仏《しゃかむにぶつ》（ゴータマ・シッダールタ）が、宇宙の真理や根源、救済者として崇められ、化身や外護《げご》する神格とともに願いを叶える存在とされています。

ありがたい神仏が各所におられるのだから、名所旧跡で種々のお願いごとをしながら観光するのも、無信仰や無宗教を自任する日本人の一般的な宗教行為ともいえます。自宅に神棚と仏壇を設置し、神には祈願をし、仏壇では先祖や個人を慰霊するのもまた宗教と気づかない宗教行為かもしれません。もっとも、神道や仏教を信仰している人は、神道でも祈願と慰霊をなすし、仏教でも供養と祈願を行うでしょう。実際、祀りと祈りは不可分の宗教的エッセンスなのです。

原初的なかたちで神仏習合を発展させてきた宗教が山岳修験《しゅげん》です。天台・真言の密教思想と呪法を受け継いだ行者たちは、その霊力によって里の人々の願いに応えてきたとされます。仏教界では、仏や菩薩《ぼさつ》（本地《ほんじ》）が日本の神々に形を変えて現れ（垂迹《すいじゃく》）、衆生《しゅじょう》を救済するという本地垂迹説が平安時代からとなえられました。

伊勢神宮の天照大御神《あまてらすおおみかみ》の本地仏は真言宗の仏である大日如来《だいにちにょらい》です。熊野修験の本拠地である吉野の金峯山寺に祀られているのは蔵王権現《ざおうごんげん》です。こうした考え方は、室町時代には神道家の吉田兼倶《かねとも》から反論され、本地垂迹説が神本仏迹説と逆転され、江戸時代の国学において強められました。神道と仏教は本来異なるという発想は、明治期には神仏分離の運動にもなりました。

外来宗教としての仏教が土着の宗教としての神道文化を取り込んできたのが、古代から中世の社会でした。仏教は宗教というよりもその時代の文明でしたから、自然の崇拝や霊魂を祭祀する土着の宗教文化を取り込むのは自然の流れだったのでしょう。近世になり、東アジア圏において中国から日本へという文化の流れがいったん弱まったことで、日本の独自性に目を向ける国学の文化が芽生えてきたのでしょう。

いずれにしても、中世から近世にかけて有力な神社仏閣が所領と領民をもち、封建諸侯と伍して人々の帰依《きえ》を集める場となっていました。神社では祭礼、寺院では先祖祭祀が盛んになり、高貴な人々や勢力のある人々が主体であった祭祀の場が、庶民にも開かれるようになりました。近世の寺請《てらうけ》制度は、農民に宗派寺院への所属を義務づけたものですが、住民管理の役割も担うようになり、現在の檀家制度にまでつながってきます。

こうしたゆるやかな神仏習合の時代が大転換を遂げたのが明治以降の近代です。誰を祀るのか、どう祀るのか、何に祈るのかといったことは、地域で生活する人々に任せられていたのですが、近代国民国家が宗教に介入するようになったのです。

戦死者慰霊の場としての靖国神社

1868年に明治維新が始まります。「祭政一致の制に復し、天下の諸神社を神祇官《じんぎかん》に所属せしむべき件」が出され、吉田家などの神道家の配下にあった神社・神職が政府の管轄に入ることになります。

同年、神仏分離令も出され、神宮寺をはじめ神社の境内にあった寺院の僧侶が神職になっていきます。そして、1871年に「神社ハ国家ノ宗祀」とする太政官布告が出されて、神職は世襲の生業から政府の任命職に変わり、国民教化を先導する役割を与えられます。

何を教化するのかというと、日本国の国民であることの自覚です。西欧のキリスト教国家に対応させて日本は万世一系の天皇をいただく神国であるといった国民道徳の基礎を神道に置くとしたのです。そして、神職を国民道徳の教導職として活用しようとしたのですが、現実にはうまく機能しませんでした。

大政奉還の後、王政復古の大号令が発せられても、当時の日本人は諸国の藩をクニとする意識から抜け出ておらず、実際に各地の方言は日本人がお互いに理解不能なほどさまざまでした。しかし、西欧列強と同じく国民による国家を形成するという段階に達した以上、国民を作り上げなくてはなりません。そのために天皇と神道が使われ、明治天皇の神格化も進みました。実際に、国家への忠誠を最大限引き出すことに成功した国民教化の方法は、神道による教化ではなく、普通教育制度による教育であり、1890年に下された「教育ニ関スル勅語」でした。

その内容は、「汝臣民は、父母に孝行をつくし、兄弟姉妹仲よくし、夫婦互に睦《むつ》び合い、朋友互に信義を以って交り、へりくだって気随気儘《きずいきまま》のふるまいをせず、人々に対して慈愛を及すようにし、学問を修め業務を習って知識才能を養い、善良有為の人物となり、進んで公共の利益を広め世のためになる仕事をおこし、常に皇室典範並びに憲法を始め諸々の法令を尊重遵守し、万一危急の大事が起こったならば、大義に基づいて勇気をふるい一身を捧げて皇室国家の為につくしなさい」というものです。これが、皇祖皇宗《こうそこうそう》の遺訓であり、子孫臣民がともに遵守すべき徳目とされたのです。

政府は国民教化を普通教育に任せたものの、国民道徳の情念的な部分をさらに神道に委ねようとします。これが、官軍で戦死した殉難者の慰霊・祭祀を始めた1869年の東京招魂社の創設であり、1879年に靖国神社と名を変え、全国に招魂社（1939年に護国神社と改称）を設けました。

戦死者の慰霊と記念は、国民国家形成に欠くことができません。封建時代までは武装集団を保有する支配階級と戦いを生業とする傭兵のみが戦闘に従事しましたが、国民国家では国民という庶民も国を守る戦いへ参加します。しかし、若者や働き盛りの男性にとって自分を産み育ててくれたイエやムラのほうがよほど大事であり、死を覚悟してやるほどの崇高なことなどありえません。そこでクニは「民族」や「宗教」、「自由や平等といった崇高な理念」を持ち出して国民にクニの感覚を持たせようとします。そのために、クニの崇高さに殉じた戦没者と戦没者家族を慰撫し、兵士となったものを鼓舞する施設と儀礼を作り上げるのです。

国家の慰霊・追悼の記念施設としては、イギリスのセノタフ、アメリカのアーリントン記念墓地など無名戦死者の墓が有名で、同様の墓所は世界各国にあります。日本では靖国神社がそれに相当するわけですが、幕府側と薩長連合との戦いにおいて錦の御旗を担いだ側しか慰霊されず、日清・日露の戦争、日中戦争から太平洋戦争まで日本の植民地主義による戦争に関わった戦没者しか祀られません。

戦争被害者である国内外の戦争関連死者が慰霊の対象になっていないことなどから、戦死者の慰霊の場としてふさわしいのかどうかの議論があります。また、軍人であるから祀られたわけではなく、国のために不慮の死を遂げた兵の霊魂を慰めるという宗教的な感覚も重視されたといいます（赤澤、2015）。

それはともかく、日露戦争後に在郷軍人会が戦死した兵士を慰霊する忠魂碑や忠霊塔が全国に建立され、戦死者の顕彰の色彩が強くなってきました。「英霊」の言葉もこの頃から頻出し、太平洋戦争を経て戦後も英霊が眠り、集う場所にこだわる人々がいることは確かです。

靖国神社に祀られる神は、戦死、戦傷病死をした軍人、軍属とそれに準じる人々です。靖国神社では、戦死者名を霊璽簿《れいじぼ》に記入し、死者の名前に「命《みこと》」をつけて英霊として祭神に加えています。これを合祀といい、霊璽簿に記載された祭神は246万6000柱（人）とされます。

GHQの神道指令と神社本庁設立

連合国軍最高司令官総司令部（GHQ）は、軍国主義と結びついた官立の神社護持をやめさせるために、終戦直後の1945年12月15日に「神道指令」（正式名は「国家神道、神社神道ニ対スル政府ノ保証、支援、保全、監督並ニ弘布ノ廃止ニ関スル件」）を出しました。日本政府は同月28日、勅令で宗教を行政的に管理する宗教団体法を廃止し、認可制を認証制に変更して、宗教法人の設立や規則変更、解散などを届け出だけで行えるようにする「宗教法人令」を施行しました。

1946年、敬神思想の普及を図るために内務省神社局が格上げされた神祇院は廃止され、大日本神祇会、皇典講究所、神宮奉斎会の3団体が中心となり、神社本庁が設立されます。全神社の約97％が神社本庁に包括される宗教法人となり、一部は単立神社として残り、教派神道というかたちをとった神道系の新宗教はそのまま独立した宗教法人となっていきます。靖国神社も一宗教法人となりました。民間の宗教施設になったわけです。

1960年代末から1970年代にかけて、戦前のように靖国神社の国家護持をめざす法案が数度にわたって提出されますが、すべて審議未了のまま廃案となっています。教派神道を含む新宗教界、仏教界およびキリスト教界から法案反対の要望書が出され、自民党が野党や世論の反対を押し切るほどの力がなかった時代でした。

さて、1951年4月3日に宗教法人令に代わる「宗教法人法」が公布され、即日施行されました。宗教法人法の目的は第1条に記載されています。

「この法律は、宗教団体が、礼拝の施設その他の財産を所有し、これを維持運用し、その他その目的達成のための業務及び事業を運営することに資するため、宗教団体に法律上の能力を与えることを目的とする（第1条第1項）。憲法で保障された信教の自由は、すべての国政において尊重されなければならない。従つて、この法律のいかなる規定も、個人、集団又は団体が、その保障された自由に基いて、教義をひろめ、儀式行事を行い、その他宗教上の行為を行うことを制限するものと解釈してはならない（同第2項）。」

宗教法人法の立法趣旨は、①宗教団体に法人としての資格と能力を認め、②国が国民教化を推進するべく神道を利用したように特定宗教の利用や便宜を図ることや、国民が信教の自由に基づいて宗教活動を行うことを制限することを禁止することにありました。

全89条におよぶ宗教法人法は、70条までが宗教法人の設立、管理、規則の変更、合併、解散、登記などの手続きに関わることであり、宗教法人審議会の設置と役割を77条までで規定し、78条の2（質問権）、79条（1年以内の事業停止）、80条（認証後1年以内の取り消し）、81条（解散命令）、82条（意見聴聞の機会）、83条以下（宗教活動への配慮）と、宗教法人に対する管理的な部分がわずかであることが特徴です。

オウム真理教や統一教会など社会問題化する教団に対しては、所轄庁の調査能力や監督権限の強化が被害者支援の側から提起されてきました。一般市民は概して安全安心な暮らしを保証するための権限の強化を求め、宗教団体側は信教の自由を最大限保証することを求めます。宗教団体法のような行政的管理・統制に戻らず、さりとて宗教法人に対しては何ら指導監督もしないという両極端にならない行政のあり方が今後とも模索されることでしょう。

2　日本は本当に右傾化しているのか

安倍政権下で起きた日本会議ブーム

２０１６年、日本会議に関する3冊の新書が相次いで刊行され（菅野完《たもつ》『日本会議の研究』扶桑社、青木理《おさむ》『日本会議の正体』平凡社、山崎雅弘『日本会議　戦前回帰への情念』集英社）、朝日新聞が日本会議の特集を行うなど、一種の日本会議ブームが起こりました。

これらの書籍によれば、２０１５年の安倍政権において閣僚20名中13名、２８０名の国会議員、１８００名の地方議会議員が日本会議の会員だといいます。２０１９年の第４次安倍改造内閣でも、閣僚20名中10名が日本会議議連の幹部でした（「しんぶん赤旗」２０１９年9月14日）。

憲法改正をひたすらめざす安倍政権の背後に日本会議あり、という見立ての証拠として左派系新聞から批判がなされており、赤旗や朝日新聞ならずとも、憲法改正をめざし、歴史修正主義に基づく愛国心教育を強調する日本政治は右傾化しているという論者が少なくありませんでした（中野、２０１５）。実際、統一教会による家庭教育推進の政治的ロビイング活動や、親学周辺の論者たちは復古的な教育をめざしていました。

宗教社会学者の塚田穂高が2017年に編んだ『徹底検証　日本の右傾化』には、ヘイトスピーチ、自民党の圧勝、文科省による教育統制、メディア人の自粛や偏向、宗教界における右派の活動など、右傾化の兆候に警鐘を鳴らす論者が登場します。市民社会において右傾化とまとめられる政治・社会変動の要素は確かにあります。しかしながら、右傾化の議論の要点は、社会全体の保守化というよりも社会の軸がずれたというところにポイントがあるのではないでしょうか。つまり、これらの右傾化論は、「右傾化に見える」という点において一致するものの、やはり右傾化の中身についてはかなりの幅があります。

一つには、1990年代以降の中道左派（社会党や民社党）の衰退と2000年代の野党の再編（民主党や「日本維新」の興隆）、および公明党が自民党との連立内閣に参加したことによって左派と右派の中間が薄くなったことがあります。左派自体が軽くなったことで保守のほうが重く見えるのです。

また2000年代以降、出版業界が電子メディアに市場を奪われ、雑誌・書籍とも出版点数は増えるものの総売上部数は減少の一途をたどっています。そのため雑誌・書籍ともに売り上げ部数を伸ばすべくエッジを利かせたタイトルや特集を増やし、右派・左派ともに極に振れる言説空間を形成してきました。

これらの固定した論壇陣が相手側を批判する決まり文句が「右傾化」であり「左翼」で

す。左に偏っているという議論は、相手側を共産主義者と決めつけて批判する、統一教会などの典型的なやり方でした。右傾化論は、保守の論客たちの攻撃手法を逆手に取ったわけですが、それが効果的な戦術になったのかどうかは疑問です。

現在、雑誌の論壇自体が凋落《ちょうらく》気味です。Twitterで250万人を超えるフォロワーを持つ橋下徹（大阪維新、日本維新の元代表）をはじめとするSNSの使い手たちに情報を依拠している多くの人たちに、右派・左派の区別、右傾化・左傾化といった社会のあり方に関わるメッセージは届いていない可能性もあります。大新聞社や雑誌論壇の言葉が届かないネット空間や選挙民に対する知識人たちのいらだちがこうじて、感性で政治をとらえる層を「右傾化」もしくはポピュリズムと表現してしまっている可能性はないでしょうか。

民主党政権からの反動

田辺俊介の研究チームが2009年、2013年、2017年に実施した社会調査によれば、以下のことが統計的に明らかにされました（田辺俊介編、2019、『日本人は右傾化したのか　データ分析で実像を読み解く』勁草書房）。

①　ヨーロッパ諸国で見られる移民排斥やイスラームフォビア（イスラーム恐怖／嫌悪）

は日本では見られず、日本の優秀性や独自性に対する共感は東アジア情勢の影響を受けたものと解釈される

② 自民党支持層の拡大は、民主党政権時代への反動と安倍政権になってからの経済的安定を背景としており、イデオロギーの転換によるものとはみなされない

③ 左派の脱原発という政策は女性や地域高齢者から支持されている

④ 若者世代の権威主義的意識は社会的安定性を保障される限りでの体制順応型と解釈され、保守的意識とは異なる

一般的な社会調査では、右傾化というほどの社会意識の変化はないのです。他方、SNSの空間では、有名人のステイタスを有効活用して所感を述べるインフルエンサーと呼ばれる人たちと、傍観者の位置で情報取得に務める一般の人たち、極端な見解を集中的に頻回書き込むヘビーユーザーの人たちがいます。

ネット空間に現れたログを数量的に分析すると、ほとんどの書き込みはインフルエンサーとヘビーユーザーによるものです。というわけで、社会意識とネット世論にはずれがあるのです。右傾化はかなりの程度がネット空間で現れた現象であり、ネトウヨと命名されるほどでした。

2010年代に安倍政権を支持した社会層と世代を見る限り、イデオロギー的な転換はないだろうという見立てに私も賛成します。自民党内派閥の勢力争いをバネに自民党の改革劇を演出し、規制緩和で特定の業界や市場を利した小泉政権や後継の自民党政治家への不満から、民主党への政権交代が生じました。

しかし、2009年から2012年まで政権を担った民主党への期待の高さに見合った政治経済の実体が伴いませんでした。鳩山由紀夫首相による普天間基地の「最低でも県外移設」の白紙撤回、菅直人首相による東日本大震災と福島第一原子力発電所事故への対応が疑問視されました。

野田佳彦内閣ではマニフェスト倒れがあらわになり、縦割り行政の無駄と利権を打破するべく実施した「仕分け」でも予算の余剰を生み出すことはできなかったために、最終的に財政健全化のために消費税10%への増税を決断して総選挙に臨みました。

この3年間あまりの経済政策も功を奏せず株価は低迷し、世論は再び政権交代を望んだのです。その結果、自民党が大勝し、公明党と連立政権を組んで衆議院での安定多数を確保し、安倍元首相はチルドレン議員とともに最大派閥の安倍派を率いてその後の総選挙でも勝利して盤石の地盤を確保するようになりました。

この時代は、改革への反動と安定を求める雰囲気、強い者がより強くなることを是とする風潮が出てきました。世界中の人々が利便性を求めてＧＡＦＡＭ（グーグル、アップル、フェイスブック、アマゾン、マイクロソフト）といったプラットフォーム型情報資本主義に依存を強めた時代とも呼応し、ネット空間ではフォロワーの多い人がインフルエンサーとして利益も得られたのです。

日本で極端なヘイトスピーチが発生したことは事実です。これが大衆運動化せず、一部の人たちに拡大し、ネトウヨと呼ばれる動きにもなっていきました。２００６年頃から２０１４年頃にかけて「在日特権を許さない市民の会」が街頭で在日コリアンに対する誹謗を行っており、その街宣活動を阻止しようとする市民団体や人権団体と対立しました。

欧米におけるヘイトスピーチの根っこには、外国人移民が自分たちの仕事を奪っている（最低賃金で仕事を引き受ける）という経済的苦境や、外国人が自分たちと同じ社会保障を受けるのはおかしいという剥奪感があるといわれます。日本の場合は、その点を強調する論者（安田、２０１２）と、東アジアの対立的政治状況のなかで、中韓からの不当な要求に対して日本政府が毅然とした対応をとらないというネットナショナリスト特有のいらだちを重視する論者（樋口、２０１４）がいます。

いずれにしても、ネット空間で嫌韓・嫌中の記事や論評に触発され、さらに自ら検索して腹立たしさの根拠となる情報を入手し、その検索行為がサーチエンジン上での情報価値を上げていく（検索結果で上位に表示されることでさらに検索されやすくなり、幾何級数的に情報拡散につながる）のです。こうした状況をふまえての右傾化論だったのでしょう。

東アジアのなかの日本

２００８年から中国船が尖閣諸島周辺の領海侵犯を繰り返し、対抗策として２０１２年に私有地であった尖閣諸島を政府が購入、国有化して以降、日中の政治関係は冷却期間に入り、地域紛争を惹起しかねない状況がありました。

安倍政権が性急に進めた一連の政治は中韓を刺激しました。２０１３年に成立した安全保障に関わる情報の取り扱いに特定秘密保護を定める「特定秘密の保護に関する法律」（秘密保護法）は、その趣旨とは別に国民の知る権利を抑圧する、戦前へ回帰する悪法という論点が強調され、強行採決もあって強引な政治の印象を強めました。同年の安倍首相の靖国参拝も、２５０万柱の戦没者中14人のA級戦犯のみがクローズアップされ、軍国主義の象徴へ額《ぬか》ずく姿のみが強調されました。機密情報の保持や戦没者の慰霊そのものを否定する人はいないと思いますが、そのやり方については国内での対案を含めて慎重に議論を重ねていくべきでした。

安倍首相の悲願であった憲法改正にしても国民の合意が取れているとはとうていいえま

せん。現憲法の成立背景や日米安全保障条約をどう見るかで改憲すべきか否かが分かれるでしょうし、日本の平和主義は第9条で象徴されており、自衛隊の存在が国際法上問題であると主張する国はないのですから、あえて国防軍と改称する意味はないでしょう。

今日、中国の国力（軍事・経済）は日本を凌ぎ、韓国・台湾の半導体など先端の電子産業は日本の家電メーカーを抜き去った感があります。従来、中韓の要求する歴史認識の問題は、経済力で両国に水をあけていた日本とのほとんど唯一の政治的交渉のカードだったのですが、現在は数あるカードの一枚に過ぎません。

外へ開かれていない内向きのナショナリズムは、中国はこうである、韓国はこうであるといった一面的な国家像や国民像を作り上げてしまいます。その情報はインターネット上で何十倍にも増幅されて、複雑な現実を一面的に固定化する働きをします。こうした状況の改善にマスメディアや識者は力を注がなければならないのですが、残念ながら固定化するほうが楽だし、わかりやすい言説が売れるという理由で単純な見解が流通しています。

インターネットメディアでは中韓への針小棒大な記事や評論、感想が増幅されています。これはお互いさまではありますが、こうしたネットによる世論形成が日本においても東アジアにおいても覇権的政治を支持することにつながるのです。

憲法改正と左右の分断

第1章で述べたように、右か左かという区分は曖昧で流動的です。憲法改正だけを論点としてもそう単純な問題ではありません。戦前、帝国憲法を天皇による欽定憲法として不磨の大典扱いした護憲派によって、政界・在野を問わず改憲や政党政治を唱えるものは非国民扱いされました。

ところが戦後、国民主権と平和主義を堅持する護憲派から、押しつけ憲法改正論者が右派とされたのです。権力を縛ることに憲法の役割を置く立憲政治に立てば、権力が憲法を改正するのはおかしいのですが、衆参両院において総議員の3分の2以上の賛成で改正案が発議され、国民投票などによって過半数の支持がされた場合（憲法第96条）、現憲法の枠内で憲法を改正することが可能です。

日本は、憲法が何度も改正されてきたドイツ・フランス・アメリカやアジアの諸国と違い、帝国憲法が日本国憲法に変わった以外に改正されたことのない護憲国家です。この意味は、憲法は憲法として現実対応の政治が別途なされていたことの証左です。

憲法第9条には、「日本国民は、正義と秩序を基調とする国際平和を誠実に希求し、国権の発動たる戦争と、武力による威嚇又は武力の行使は、国際紛争を解決する手段としては、永久にこれを放棄する。前項の目的を達するため、陸海空軍その他の戦力は、これを保持しない。国の交戦権は、これを認めない」と規定されています。しかし、この規定は自衛権を否定するものではないとして、自衛隊の創設と充実が進められ、日米安全保障条約や米軍基地の存在も認め、自衛権の適用範囲は拡大されています。

昨今、護憲派であれ改憲派であれ、理念だけで右派・左派と分断線を引き、具体的な問題状況や相手抜きに自身の理念を正義として物事を判断する発想が散見されます。緊迫する東アジアの国際関係だけを考えても護憲の旗印だけで北朝鮮に対応可能かどうか、改憲の旗印は中国・台湾・韓国にどのようなメッセージを送ることになるのかと想像することすら放棄する言論は硬直的すぎます。

この章では、右傾化の推進役と目される日本会議の源流をなした宗教人や民族派のしぶといまでの運動の持続力に注目します。実のところ、自他ともに認めるような右派・左派に属する人々は必ずしも多数派ではないでしょう。しかし、右派とみなされる人たちは勢力を張っているという印象づけに成功しています。だからこそ、日本会議本ブームが生じたのです。

これで日本会議をめぐる政治社会の概観を終えて、この団体が主張するナショナリズムの特徴と動員力の評価を行うことにしましょう。

3　日本会議の誕生

戦後への違和感

日本会議は、1997年に「日本を守る会」と「日本を守る国民会議」が糾合して結成された政治団体です。

1974年に設立された「日本を守る会」は、伝統精神や愛国心の称揚をめざして伝統宗教と、創価学会を除いた新宗教の諸教団から設立されました。

発足時の代表委員には、朝比奈宗源（臨済宗円覚寺派管長）と谷口雅春（「生長の家」総裁）が知られますが、そのほかに篠田康雄（神社本庁総長）、伊達巽《たつみ》（明治神宮宮司）、塙瑞比古《はなわみずひこ》（笠間稲荷神社宮司）、蓮沼門三（修養団主幹）、廣池千太郎（モラロジー研究所所長）、安岡正篤（思想家）、山岡荘八（歴史小説家）、小倉霊現（念法眞教燈主）、関口トミノ（佛所護念会教団会長）、岡田恵珠（崇教真光《すうきょうまひかり》二代教え主）、岩本勝俊（曹洞宗管長）、金子日威《にちい》（日蓮宗管長）がいます（古川順弘、2016、「日本会議の本当の源流、禅僧・朝比奈宗源という男」『宗教問題』16）。

このなかでは、生長の家の創始者である谷口雅春が最も知られ、大本《おおもと》で活動した後、当時のスピリチュアリズム（心霊科学）に影響を受け、生長の家という冊子頒布《はんぷ》を用いて布教を行う教団を結成しました。谷口は戦前・戦後ともに日本国と天皇の崇拝、唯神実相・唯心所現・万教帰一を説き、１９６４年に優生保護法廃止を訴え、生長の家政治連合を結成して政治参加していくことになります。この世は神界であり、霊魂が実在する以上、堕胎・中絶は認められないという考えでした。生長の家の学生組織から右派の言論人や活動家が輩出されます。

日本を守る会の主張には、戦前世代の共通の認識であった天皇と国家の崇拝が根強く、民族の誇りや愛国心の弱化を懸念して戦後教育の見直しや元号法制化などがありました。この世代は、戦前に忠君愛国を報じ、宗教人も戦意高揚のために大陸で軍人を鼓舞するなど翼賛体制に組み込まれていました。

戦線に送り込まれた20代の学生、街や農村の青年たちは、戦禍で辛酸をなめた引き揚げ者、被災者とともに反戦平和の意を強くしたのでしょうが、後方の安全地帯にいた世代や中年期にあたって動員されなかった世代は、戦前戦後を通じた一貫した生き方や社会のあり方にこだわっていました。彼らは、戦前の社会や思想のあり方を封建遺制として一蹴し、戦後の民主主義やマルクス主義に傾倒して論壇を席巻し、大学の主流派をなした左派に強い違和感を持っていたのでしょう。

一方、1981年設立の「日本を守る国民会議」は、保守派の財界人や文化人によって結成されています。もともとは元号法制化をめざす会議であり、加瀬俊一元国連大使、神社本庁の篠田康雄や音楽家の黛《まゆずみ》敏郎が設立人として知られています。代表委員には明治神宮の歴代宮司、事務総長には歴代権宮司が就任しています。この2団体の設立には、神社本庁が神道的国民意識の復興を願って国会議員と連携して1969年に設立された神道政治連盟と、翌年に生長の家の学生部OBが設立した日本青年協議会の流れをくむ活動家が関わっています。

日本を守る会や日本を守る国民会議のトップは戦前・戦中世代です。この世代に影響を受けて、戦後に生まれた世代が日本の民族運動や右派運動を担って現在につないでいくことになるのですが、おそらく後者のほうがより理念的に活動の大義を信じられたのではないかと思われます。個人の違和感やアイデンティティの一貫性を正当化する言説として「戦後の見直し」や「民族の誇り」を活用する世代と、それらの言説によって教化された世代の差ともいえるかもしれません。もちろん、後者にも時代の思潮に対する相応の違和感があったのです。

民族派学生運動から右派政治運動へ

1960年の安保闘争では、国会前を学生・市民が埋めつくすデモが続き、岸信介内閣は退陣に追い込まれました。学生運動には1948年に結成された全日本学生自治会総連合（全学連）が共産党の指揮下で活動していましたが、1950年代後半から共産主義者同盟（ブント）が分裂し、さらに分裂した新左翼党派が大学内で活動と抗争を繰り返し、1968年からはセクトを超えた全学共闘会議（全共闘）と呼ばれる新左翼の学生運動が全国の大学に拡大していきました。

学生運動は大学や政権＝体制側と学生＝反体制側という構図でとらえがちですが、学生自治会（とくに教養部自治会）の支配をめぐる党派間の闘争も激烈なものでした。各大学では自治会費を大学が代理徴収し、自治会にそのまま渡していたところが多かったのです。自治会費は党派の重要な資金源となったので、学生会館の利用権や自治会選挙にかかわる学内抗争には力が入りました。

全国学生自治体連絡協議会（全国学協）の初代委員長は、新右翼運動の旗手と目される鈴木邦男（早稲田大学、後に一水会）です。書記長に安東巌《いわお》（長崎大学）、中央執行委員の一人に椛島《かばしま》有三（長崎大学）が名を連ねていました。長崎大学では全学連による自治会支配や新左翼による学生会館占拠、運動家が仕掛けた授業ボイコットなどが続いていましたが、安東や椛島が大学正常化をめざして左派と同じやり方でノンポリ学生をオルグし、自治会奪回運動のシンパにしていったのです。そして、彼らの学生協議会（学協）が自治会選挙で支配権を奪い返しました。このやり方を全国に拡大して各大学の学協をまとめたのが全国学協です。

全国学協の基調方針は、「①民青・全共闘打倒、②日教組打倒、③占領憲法打倒、④脱安保、自主防衛、⑤核防粉砕、真正独立、⑥北方領土奪還、⑦超近代化、文化防衛」でした（山平、1989：75－101）。①②は左翼打倒、③は憲法改正に向けた日本を守る会の主張と合致しますが、④⑤⑥は自民党の保守派とは一線を画します。ヤルタ・ポツダム体制の批判であり、これをつきつめれば日米安全保障条約の廃棄となり、アメリカ帝国主義打破や核兵器の持ち込み禁止を叫ぶ左翼のセクト運動と共通する政治理念になります。日米同盟を堅持することを疑わない保守政治家にはありえない主張でしょう。⑦が民族派たるゆえんですが、この文化防衛という言葉が日本精神と同様に幅の広い概念となり、この運動に関わる集団ごとに解釈されていくことになります。

ともあれ、大学正常化の旗印のもとに集まった学生もいたでしょうが、中核は右派学生と生長の家の学生活動家たちでした。1970年、生長の家の学生活動家や学協OBによって日本青年協議会が作られ、2005年に日本協議会を結成して現在に至ります。会長は創設期から椛島です。活動内容は、①皇室崇敬と奉祝、②国防の啓発、③国体に基づく新憲法・新教育基本法の確立、④英霊の顕彰と靖国神社の護持です。椛島は、1977年から「日本を守る会」の事務局を取り仕切るようになり、後の日本会議においても事務局長となります。

椛島や安東を輩出した生長の家学生会全国総連合（生学連）は、生長の家の学生組織でした。戦後も教団は谷口雅春の皇室崇敬や保守的思想に基づいて「生長の家政治連合」を結成し、玉置和郎、村上正邦らを参議院に送り込みました。しかし、2代目の谷口清超《せいちょう》は政界と距離を置き、3代目の谷口雅宣は環境保全活動に力を注ぎ、右派宗教団体の方針を転換しました。

結果的に、谷口雅春の教えに忠実で政治運動も志したメンバーは教団から離れ、日本青年協議会などの右派政治運動に進んだといわれています。これらの右派政治運動が生長の家以外の宗教団体に拡大できたのは、神道や天皇制を日本の重要な文化伝統と考える宗教人が少なくなかったからです。日本会議の中核メンバーと設立の経緯については、先にあげた日本会議本の説明とほぼ同じです。

神道政治連盟の設立

神道政治連盟は1969年に神社本庁および神社界の有志で設立され、綱領に賛同する政治家を選挙で支援する政治団体です。「日本に誇りと自信を取り戻すためさまざまな問題に取り組んでいます」と活動内容をウェブサイトで述べています。

より具体的には、「世界に誇る日本の伝統や文化を後世に正しく伝えることを目的に結成され、①皇室と日本の伝統護持、②新憲法の制定、③靖国の英霊を国家儀礼として祭祀、④道徳・宗教教育の推進、などを取り組む課題に掲げ、これらの活動目標を理解する議員を推薦し応援するとされます。近年の参院選では有村治子と山谷えり子が支援されました。

中央本部は神社本庁にあり、全国に都道府県本部があります（神道政治連盟、2019）。そして、神道政治連盟に加入する国会議員の組織が神道政治連盟国会議員懇談会であり、1970年に設立されました。自民党本部に事務所を置き、安倍元首相も会長を務めています。

これらの右派政治運動団体の理念や活動は、地政学的な情勢認識や戦略的発想は異にしても伝統的宗教文化、皇室崇敬、道徳教育の3点でくくれば大同小異です。何よりも中核的人物が諸団体の事務局長を兼ねており、各団体に関わる論客や賛同者も共通なのだから、

1997年に日本を守る会と日本を守る国民会議が日本会議としてまとまるのは自然のなりゆきだったのでしょう。

役員の半数が宗教関係者

日本会議は、約3万数千人の会員と約290人の国会議員懇談会メンバー、約1800名の地方議員連盟メンバーを有する政治団体で、草の根ネットワークを持つ国民運動団体と称しています。活動の理念として、①悠久の歴史に育まれた伝統と文化を継承し、健全なる国民精神の興隆を期す、②国の栄光と自主独立を保持し、国民各自がその所を得る豊かで秩序ある社会の建設をめざす、③人と自然の調和をはかり、相互の文化を尊重する共生共栄の世界の実現に寄与する、とされます（日本会議、2023）。

日本会議に属する評論家や政治家たちは、大東亜共栄圏構想の正当性、ヤルタ・ポツダム体制からの脱却、自虐史観の打破を主張し、憂国・愛国の心情などを隠しません。また、論壇誌では歴史認識をめぐって修正史観が語られ、それを根拠とする嫌韓・嫌中の書き込みがネット空間に増殖しているのですが、日本会議は理念や活動方針において必ずしも一枚岩の組織ではないでしょう。

2023年の役員名簿を見る限り、元法曹関係者や元官僚であった人々は死去し、現在は元官僚が1名、財界人2名、大学人7名（全員名誉教授）、宗教家（神社関係8名、仏教関係1名、新宗教関係9名）、文化人（裏千家家元1名）、遺族会ほか（3名）となっており、宗教関係者が約半数を占めています。

具体的には、神社本庁、東京都神社庁、靖国神社、（伊勢）神宮、明治神宮、比叡《ひえい》山延暦寺、解脱会、念法眞教、佛所護念会教団、崇教真光、オイスカ・インターナショナル、モラロジー、大和教団、倫理研究所、新生佛教教団です。もちろん、これらの宗教家を教主や代表役員、あるいは長老・相談役などでいただく教団が、宗教法人や信者全体で日本会議を支援し、選挙時には日本会議会員の政治家に投票するよう呼びかけているとまではいえないでしょう。むしろ、宗教家個人の信念に基づいた活動の特徴が強いかもしれません。

しかしながら、日本会議の諸活動、イベントにこれらの教団から信者たちがかなりの程度動員されていることは想像に難くありません。また、これらの諸教団を代表する人々が参加している日本会議に関係を持つことは政治家にとっても少なからぬ魅力でしょう。つまり、日本において宗教と政治が交わる場は選挙であり、宗教団体は魅力的な票田なのです。

第1章で述べたとおり、日本の宗教団体は、その理念に沿った政策を展開する政党や政治家を支援することで政治参加を図ろうとする政治参加型教団と、宗教的理念の実現を自ら政党を結成して行おうとする政治進出型教団に分けられます（塚田、2015）。前者が神道政治連盟を組織した神社本庁や生長の家政治連合であり、それ以外の新宗教でも個別に政治家の推薦を行っています。後者の代表格は創価学会です。

日本会議の主要メンバーは政治参加型教団であり、神道と天皇崇敬から距離を置く創価学会とは違いがあります。自民党政治家はこうした理念上の齟齬には頓着せず、これらの諸教団からも推薦をもらい、なおかつ創価学会＝公明党との選挙協力によって集票力を維持してきました。自民党と日本会議との関係は、保守政党としては骨肉の関係であるべきですが、政治家個人の利得を優先していることもあって、見た目ほどの保守的な政治・宗教の連帯とまではいえないでしょう。

安倍政権は明らかにこうした右派陣営の期待を背負ってきました。しかし、2000年以降の自民党政権は、日米安保体制の打破をめざす民族派や新右翼とは大いに異なり、ネオリベラリズム（新自由主義）の経済政策を行うという点においては、地方農村重視だった伝統的な自民党保守派とも異なります。メディアは安倍元首相と日本会議のような右派政治団体との近しい関係に幻惑され、宗教右派といった一体的なとらえ方をしているのですが、現実は同床異夢だったのではないでしょうか。つかず離れずの関係を具体的な活動から見ていきましょう。

安倍政権下で実を結んだキャンペーン

1990年代後半の日本会議は、夫婦別姓反対の国会陳情活動と国旗国歌法制化を日本会議国会議員懇談会に後押しすることが主な活動でした。当時、公立高等学校の卒業式における君が代斉唱と国旗掲揚をめぐって反対する教職員と文科省の指導の板挟みになる校長が苦慮する事態が続きました。

国旗国歌法の第1条「国旗は、日章旗とする」、第2条「国歌は、君が代とする」は、国旗掲揚と国歌斉唱の法的根拠として定められました。1999年に小渕恵三内閣において成立後も、公立校の卒業式において起立、国歌斉唱の職務命令を出した校長・教育委員会に対して、それを拒否した教職員が不利益処分を受けたとして憲法第19条の「思想・信条の自由」の侵害をめぐる訴訟を提起しましたが、すべて職務命令を合憲とする最高裁判決が出ています。

2000年代の活動で目立つものとして、教育基本法の改正に向けた運動があります。まず、東北大学総長、岩手県立大学学長、首都大学東京学長を歴任した世界的な半導体学者である西澤潤一に「新しい教育基本法を求める会」や「『日本の教育改革』有識者懇談会」の会長を依頼して学術や民間において現代の教育理念や体制についての問題を提示し、その後、全国で署名活動や地方議会での決議、国会議員への働きかけを進めました。

この全国キャラバンが日本会議の十八番《おはこ》であり、一部の政治家や右翼人士が教育を右派的に改悪しようとするものではないことを、民間と地方の草の根レベルから地ならしして中央に声を集め、自民党の日本会議メンバーを中心に法案を提出するというやり方です。

教育基本法改正の要点は、抽象度の高い改正前の教育基本法に、かなり具体的な教育目標を入れ込んだことです（文部科学省ウェブサイト）。

①　前文に「公共の精神を尊び」「伝統を継承し」「未来を切り拓く」の文言を入れる
②　教育の目標を「幅広い知識と教養」「豊かな情操と道徳心」「健やかな身体」を養うことと定め、「自律の精神」「職業」「生命を尊び」「伝統と文化を尊重」「郷土を愛する」の文言を入れる
③　義務教育や障害者教育に国や地方公共団体の役割を明記する
④　学校の機能として生徒が規律を重んじ、主体的に学ぶ意欲を高め、大学においては社会の発展に寄与することを明記する
⑤　教員に「崇高な使命」「絶えず研究と修養に励み」「養成と研修の充実」を求める
⑥　学校外教育において従来、社会教育しかなかったところ、「家庭教育」と「幼児期の

教育」「学校、家庭及び地域住民等の相互の連携協力」を加え、ここにも国と地方公共団体が必要な施策を講ずることを明記する

⑦ 従来の宗教教育については、「宗教に関する一般的な教養」の尊重を加える

⑧ 「教育水準の維持向上」は国が、「教育の振興」は地方公共団体が施策をなし、両者に財政上の措置を求め、「教育振興基本計画」の策定と報告を定める

2010年代は地方外国人参政権への反対、夫婦別姓の反対、女性もしくは女系天皇反対をめぐるキャンペーンが多かったのですが、これは2009年から2012年にかけての民主党政権において改革の俎上《そじょう》に上がったプランへの反対運動でした。労働者や移住者によって外国籍の日本定住者比率が上昇した地方自治体は増えており、地域作りにこれらの人々の力は欠かせません。夫婦別姓や天皇制にかかる議論は明治以降の家族制度や天皇制を規範としているだけであり、日本古来のものとはいえません。その意味では、日本会議の主張は王政復古の大号令以降、日本が近代国民国家の形成過程において創造した日本の精神であり、精神の入れ物としての天皇制や家制度だったのではないでしょうか。

ともあれ、日本会議のキャンペーンは安倍政権の施策においてかなりの程度実現しました。しかし、このような政治力によって日本会議が勢力を拡大したかというと、確かに政

議37都道府県420市区町村、促進議員連盟に380名が加盟
59年ぶりに教育基本法が全面改正される。日本会議が求めた3点修正は政府の公権解釈で修正される

2007 安倍首相、伊勢神宮社頭で前内閣による女系天皇導入の皇室典範改訂案を白紙撤回すると明言
第21回参議院通常選挙において日本会議中央本部推薦の有村治子、衛藤晟一が当選

2008 人権擁護法案反対運動
偏向記述を是正する教科書検定制度改正へ国民運動
天皇即位20年奉祝中央式典開催（東京ドームシティ）

2009 政府による天皇会見の政治利用を糾弾する緊急集会（習近平副主席問題）

2010 「夫婦別姓に反対し家族の絆を守る国民大会」開催、夫婦別姓法案に反対する国民署名252万名に達する
「外国人参政権に反対する一万人大会」開催（日本武道館）、外国人地方参政権に反対する地方議会決議35県議会・234市町村議会、反対署名561首長、3789地方議員に達する
尖閣諸島沖で中国漁船体当たり事件が発生し、尖閣を守る国民運動を開始

2011 東日本被災地への支援活動実施
領土領海を守る国民運動を推進、国民署名224万名突破

2012 安倍首相「皇位継承は男系男子を尊重。野田政権でやったこと（女性宮家）は白紙撤回する」と表明

2013 安倍首相が靖国神社に初参拝

2014 憲法改正の早期実現を求める地方議会決議運動開始
憲法改正の早期実現を求める国会議員署名運動開始

2015 美しい日本の憲法をつくる県民の会、全国47都道府県すべてで結成

2016 憲法フォーラムや憲法行事が全国43会場で開催、1000万賛同者拡大運動は約700万名を達成

2017 国民の会が自衛隊の憲法明記を訴え全国縦断キャラバン

日本会議「国民運動の歩み」より作成
https://www.nipponkaigi.org/activity/ayumi

日本会議の活動

1997 「日本を守る会」と「日本を守る国民会議」の両役員会で両団体の発展的統合を決議。日本会議が設立
夫婦別姓反対の国会陳情活動を実施、「緊急女性集会」開催
「日本会議国会議員懇談会」、超党派で設立（約200名加盟）
町村信孝文相（歴史教科書問題）、上杉光弘自治相（国籍条項問題）、下稲葉耕吉法相（夫婦別姓問題）に会見・要望

1998 道徳教育の推進、国旗国歌法制化をめざし国会論議を展開

1999 広島県の偏向教育問題を国会で追及。国旗国歌法が成立

2000 天皇即位10年の奉祝運動を綴った映画『奉祝の灯』を製作し全国上映
「新しい教育基本法を求める会」（西澤潤一会長）を設立し、森喜朗首相に同法の早期改正を要望
日本会議国会議員懇談会総会で麻生太郎新会長を選出
『再審「南京大虐殺」 世界に訴える日本の冤罪』を発刊、アメリカ・アジア各国の政府要人、研究機関、マスコミに配布

2001 「国民の会」と「国会議員有志の会」が首相に8月15日の靖国神社参拝を要請、小泉首相、16年ぶりに靖国神社を参拝（8月13日）
日本会議の女性組織「日本女性の会」（安西愛子会長）設立
日本女性の会を中心に夫婦別姓法案反対に向け国会陳情と署名運動を実施

2002 夫婦別姓に反対する国会議員署名が117名、国民請願署名が170万名に達する
日本女性の会が「夫婦別姓に反対する国民の集い」を開催
国立追悼施設に反対する国民集会を開催
北朝鮮「拉致事件」に関して各地で議会への意見書提出、署名運動を展開

2003 教育基本法改正を訴え全国縦断キャラバン

2004 北海道本部がイラク派遣自衛隊を激励する集い開催

2005 日本会議国会議員懇談会が総会を開催し、①皇室典範改正問題、②国立追悼施設問題、③人権擁護法案問題について決議

2006 教育基本法の改正を求める国民署名約362万名、地方議会決

権与党の政治家を大幅に増やしたといえますが、一般市民、とりわけ青年層を取り込んでいる証拠は見当たりません。日本会議の理念を共有している高年齢世代には普及力があっても、理念を持たない中年から青年期の人々を説得する論理性に欠けていたからです。実際、日本会議の現在の役職者も、会合に集まる人々も一般社会ではリタイア相当の高齢者が主体です。

日本会議は宗教団体ではないのだから、布教・教化力がなくて当然と見る人もいるかもしれません。しかし、左派であれ右派であれ、1960年代、1970年代までの学生運動には、ノンポリの青年層を大いに感化し、巻き込む力がありました。この力が、現代日本の左派・右派ともに政治運動にはないのです。それが創価学会＝公明党が日本の政治シーンにおいて相対的に浮上してきた主たる背景なのですが、これについては第4章に譲ります。

4　日本青年会議所の改憲運動

日本会議の主張と重なる「憲法草案」

国際勝共連合と日本会議は、政治家との関係を最大限生かしながら団体の理念にかなう政策の実現をめざしてきました。1985年に提案されたスパイ防止法は廃案となりましたが、2013年に特定秘密保護法案として安倍内閣によって提出され成立しました。国旗国歌法は1999年に、教育基本法の改正は2006年に成立しています。そのほか、夫婦別姓や女系天皇について出てきた世論も安倍内閣では取り上げられることがありませんでした。

2団体ともある程度の政策目標は達成したといえます。それは両団体の働きかけが功を奏したというよりも、東アジア情勢の緊迫やテロ行為、ハッキングなどへの対応に政府が迫られたこともあるし、左派・中道左派の政党所属議員が激減し、保守政党議員の規範意識が押し出す政策に歯止めがかからなかったからでもあります。

中選挙区の制度では、自民党や保守系新党の政治家には議員子弟に加えて官僚や地方自治体の首長経験者が多かったのですが、1996年から実施された小選挙区比例代表並立制では候補者の公認に対する政党の権限が強まり、地域で活動する青壮年が政党公認を得て政治経験なしに議員となることが増えました。いわゆるチルドレン現象です。

その際、日本青年会議所など地域にネットワークを有する地元密着型の企業家や自営業者が人材プールになります。日本青年会議所の構成員は、20歳から40歳までの青年実業家

（約76％が企業代表者か取締役）で、親から事業を継承している者が69％です（日本青年会議所、2019）。

日本青年会議所の基本的な考え方は「誰もが挑戦できる幸せな国　日本の創造」、地域ごとの青年会議所がボランティアでまちづくり、教育支援や人材育成に貢献することとされます。地域に根ざして生きるなかでは、家族縁や地域縁を重視し、コミュニティの維持・再生に関わる伝統行事や文化にも敬意を払うことになります。そうすると、地域主義的発想が日本的な共同体主義にも通じ合うところとなり、日本会議の理念や活動と重なる部分が出てくるのです。

日本青年会議所に日本会議の働きかけがあるということは日本会議本でも指摘されていますが、日本青年会議所が2012年に起草した「日本国憲法草案」に日本会議の主張に重なる部分があります。草案の文章を見る限り、政策論においては日本会議を超えているともいえます。

まず、前文には「万世一系の天皇」「和を貴び」「五箇条の御誓文以来」「大日本帝国憲法及び日本国憲法に連なる立憲主義の精神に基づき」という日本会議と同様の社会秩序観や政策が見てとれます。まず天皇制護持（第1条、国家元首）があり、国民の権利は国の安全、公の秩序、公共の利益を損なわない限り尊重され（第8条）、家族の維持・強化（第

22条）が述べられています。

国は国民が相互扶助でも生活できない場合に支援する（第23条）、国民は社会貢献に努める（第26条）、国民は領土保全の権利・責務を負い、国は義務を負う（第31条）と、国民の権利よりも義務を強調しています。そのうえで、外国人の権利は日本国民のみに認められているものを除いて保障する（第40条）と明確に差異をもうけます。

日本国は個別・集団的自衛権を行使できる（第41条）、軍隊を保持し、軍事裁判所を設ける（第42条）など国軍と軍独自の司法権を認めます。国会を選挙で選ばれた議員によって構成される国民議院と自治体の代表による評議院で構成する（第44、45条）など、自治体の意向が直接中央政治に反映されることを意図しています。

公金は社会的儀礼や習俗的行為の範囲を超えて宗教団体のために使用できない（第97条）という文言は、靖国神社や護国神社における政治家の参拝は政教分離に違反しないとあらかじめくさびを打っておくことが意図されているのでしょう。総理大臣は非常事態を宣言し、国民の安全を維持する目的のために国民の権利を制限する措置をとれる（第１０５条）ということは、自然災害や戦争など不測の事態に直面してのことであれば国民の安全や福祉に寄与するでしょうが、平時にも可能とすれば戒厳令を認めることに等しいでしょう。

以上は、憲法第9条を廃し、自衛隊を軍隊と明記したうえで自衛権を行使し、天皇制や伝統文化を護持し、国民に家族の扶養や国民の義務を果たすことを求める内容です。日本青年会議所は保守的政治思想というよりは、権威主義的国家観を持っています。事実、憲法改正推進委員会の委員長所信では、改憲推進団体となって自衛隊をめぐる神学論争に終止符を打ったとしています。日本青年会議所の国家戦略グループにある教育再生会議や道徳教育推進委員会の委員長所信でも、日本会議とかなり似通った事業方針を掲げています。

2017年に開催された日本会議20周年大会には日本青年会議所の青木照護会頭が参加し、国会議員懇談会の会長・古屋圭司や櫻井よしこと懇談したと伝えられています（「日本JC　青木会頭補佐チームのブログ」）。

内向的ナショナリズムの限界

国際勝共連合と日本会議は政治参加をめざす宗教系政治団体であり、政権与党に働きかけるとともに地方政治家や地域青年層に保守的理念を伝えてきました。このような草の根的働きかけはかつての左派社会運動が得意としてきたことですが、いまは日本共産党や公明党＝創価学会など限られた政党や関連団体が行っています。左派政党やリベラル政党は大企業基幹労働者や都市生活者を支持者として労働運動による分配の増加を図ってきました。日本的な共同体主義に距離を取り、公的な社会保障による福祉社会をめざしてきたのですが、少子高齢社会において日本の財政が平等な労働分配や手厚い社会保障を負担できなくなってきています。

このような時代に、地域主義や共同体主義に代わる理念や人間関係の代替案を提示しえているのか、中道・左派政党には問われなければならないでしょう。ジャーナリズムや論壇の知識人も日本会議や日本青年会議所の主張を単に宗教右派、ナショナリストと切り捨てて自分たちの政治理念や社会像の正統性を主張するのではなく、どのような社会のあり方をめざすのかを語る必要があるでしょう（塚田、2017）。

私は国際勝共連合と日本会議どちらの理念や政策も、日本において公共性を持ち、日本国民のウェルビーイング（健康・幸福・福祉の包括的概念）を高めることはないと考えています。その理由は、どちらも右派やナショナリストで偏っているからではありません。当該の団体にとっては、現代の家族・教育・地域に関わる難局を打開するために、戦後教育の見直しや家族・地域の復興といった公共的議論を提起しているという自負があるでしょう。しかし、そうした議論が公共的なものになるかどうかは、社会の多数の人にとって納得がいき、実質的な生活上の便宜を与えられるかどうかにかかっています。いわゆる、特定の宗教や民族意識から生まれる「正しさ」だけの議論ではそれこそ神学論争となります。

すでにこれまでの節で述べたように、国際勝共連合と日本会議が掲げる理念や政策は同時代史や現代日本社会の現実に対応しているとはいえません。現代日本が直面するグローバル資本主義によって生じた地域・階層・世代にわたる格差社会や、家族の構造・関係・意識の変容に由来する少子高齢化・人口減少の諸問題は、百年単位の社会構造の変動というべきものです。

憲法や教育基本法を改正して国民に自助努力や社会貢献の意識を持たせ、天皇制と伝統文化の護持を図るだけで日本社会のサバイバルが可能になるわけではないのです。現代社会の複雑な構造を単純化してとらえ、なじみのある思考方法によって問題の解決が図られるはずという思い込みは夢想の類いといわざるをえません。

ところで、日本会議のナショナリズムは近代日本のナショナリズムとも断絶があることに注意が必要です。日本会議の公式見解や論者の言説には、大東亜共栄圏や大アジア主義といった西欧列強の帝国主義への対抗と同盟（日本が主導という意味では日本の帝国主義）という発想はまったくなく、東アジアの近隣諸国と対峙する一国ナショナリズムです。しかも、論者の多くは生長の家の学生活動家か素朴な日本文化や伝統の信奉者であるために、戦前との対比でいえば、政財界や軍（自衛隊）の有力者を動員するほどの射程の長い理論や浩瀚《こうかん》な知識に裏づけられた議論を展開しているとはいえません（大塚、１９９５：川田、２０１６）。

もちろん、現代において戦前の国体論と関連させた議論を展開した哲学や歴史学、植民学を参照して議論を構成するわけにはいかないので、日本会議の論者も立論の根拠探しに苦労することは想像に難くありません。彼らのシンボルとしての天皇や日本の伝統、古きよき郷土や家族を守るという理念にとどまり、現代社会の変革に対応した実践論に欠けるのはそのためです。

しかし、逆に政策的な実践論に踏み込まない抽象的な理念が聞く者の気分を高揚させることがあるために、高齢世代のみならず地域に根ざして生きる青年世代の一部にアピールするところがあるのでしょう。

5 「宗教右派」とは何か

日本会議は宗教右派か？

宗教右派（Religious Right）とは、アメリカのキリスト教ファンダメンタリズム（原理主義）や福音派に属し、聖書無謬《むびゅう》説、進化論の否定（インテリジェント・デザインといった創造説）、中絶否定（中絶是認のプロ・チョイスに対してプロ・ライフ）、伝統的な家族観や規範

（ジェンダーやセクシュアリティの多様性に非同意）を重視する保守的なクリスチャンを指します。1980年代以降に大統領選挙において集票マシーンとして浮上し、ロナルド・レーガンやジョージ・ブッシュ父子、トランプなどの当選に関わりました。

この用法が日本において保守的思想に基づいて政治活動をなす宗教団体として、国際勝共連合や日本会議にも適用されているのですが、宗教右派の概念ではこの2つの団体を必ずしもうまく説明できないのです。

右派と左派の違いは、伝統文化や社会に対する保守派と革新派の違い、もしくは階級的利害に基づいて自由主義・個人主義を重視する資本家層と集産主義・社会主義政策を望む労働者層、その中間に位置するリベラルの相違という伝統的な区分を想定しています。しかし、現代において右派・左派の境界が政治・経済・文化に通底しているとはいえません。

第2次安倍政権は、憲法改正を最大の政策課題とし、修正主義的歴史認識によって東アジアに緊張関係をもたらしたという点では右派的であり、男系天皇を定める皇室典範改正や夫婦別姓に消極的という意味でも保守的なカルチャーを持っていたといってよいでしょう。しかしながら、経済・金融政策では企業活動や市場に介入的であり、累積債務に関係なく財政規模を拡大し、国民生活に配慮しています。選挙をにらんだ自民党の社会政策は保守というよりも中道左派に近いのです。

この点において、アメリカにおける共和党と民主党の差異のようなリバタリアニズム（小さな政府と最大限の自由）とリベラリズム（大きな政府と人権の保障）の差異にはなっていません。具体的な政策課題ごとに右派・左派の境界は揺れ動いており、日本において近年の総選挙で比例票を集めるワンイシュー（単一論点）の政党には、右派・左派の区分すら与えられないでしょう。

伝統宗教は概して既得権益を持つ保守的階層と相性がよいものですが、社会福音を重視するプロテスタント牧師や解放の神学を唱えたカトリック神父が、社会主義や共産主義の運動に接近した例はあります。自民党の長期安定政権が続いた戦後日本では、キリスト教徒は左派的市民活動に共感的であり、靖国神社－神道型ナショナリズムと対抗することが日本のキリスト教の特徴といえます。この点においてナショナリズムに親和的な韓国やアメリカのキリスト教とは大いに異なります。特定の宗教が右派的志向や国家との結びつきを強めるというよりも、歴史的脈絡において特殊な政治と宗教の関係が生まれるのです。

とはいえ、アメリカでも宗教右派と呼ばれる諸教団が必ずしも当該社会の主流派宗教に属しているわけではありませんでした。１９２０年代に生まれたプロテスタントの福音派やファンダメンタリストが進化論や中絶、民族やジェンダーの平等に対して過激な論争や行動をしかけてきたのですが、１９６０年代までリベラルに押し返されてきました。

政治勢力として無視しがたい存在になったのは、共産主義やイスラームを仮想敵国として超大国アメリカの力を示そうとしたレーガンやブッシュの時代です。科学的合理主義や経済成長、エリートによる統治がすべての人を幸せにするのではないことに気づいた「取り残された人々」が、人生の指針と生活の規律を保守的宗教に求めたのです。ただし、宗教右派は共和党政権に影響力を行使するものの、リベラルな中間層は民主党を支持するために大統領選挙ごとに保守とリベラルの交代があって、トランプ大統領の時代でも宗教右派の主張が議会政治のすべてを席巻していたわけではありません。

世界の宗教的原理主義

2021年1月、トランプはジョー・バイデンとの大統領選において敗北を認めず、「票が盗まれた」「ディープ・ステートの策謀」と信じてやまないトランプ信者の取り巻きがワシントンD.C.の連邦議会議事堂に乱入して大統領選の選挙手続きを妨害しました。

近現代世界に目を転じると、世俗化の反証ともされた宗教的原理主義の事例は枚挙にいとまがありません。原理主義－ファンダメンタリズムという言い方も、アメリカのキリスト教原理主義に端を発する言葉であり、東西冷戦体制が終結してからアメリカの仮想敵国としてイスラームに冠せられることが増えました。1978年に生じたイラン革命以降、イスラーム主義は中東のアラブ諸国や南アジアに拡大し、インドでは世俗主義を掲げる会議派に対するヒンドゥー・ナショナリズム、スリランカではヒンドゥー教徒のタミル人を迫害したマジョリティである上座仏教徒によるシンハラ・ナショナリズムが力を得ています。

近年でもミャンマーではロヒンギャなどのムスリムを抑圧して難民化させた上座仏教、イスラエルではシオニズムを掲げる複数の宗教政党、イスラーム原理主義を掲げるアルカーイダやISなどの過激主義、反イスラームを掲げるヨーロッパの右派的政治活動があります。

これらの活動で規模が大きいものは宗教的原理主義と呼ばれ、終末論的運動（apocalyptic movement）との関連もあるので、アメリカの社会学者マーク・ユルゲンスマイヤーは宇宙論的戦い（cosmic war）と述べたほどです。また、アメリカの宗教社会学者ロジャー・フリードランドは宗教的ナショナリズムの特徴として、①領土を聖域とし、しばしば不可侵の女性の身体と形容し、②この領土が他国の政治権力や市場経済、消費主義文化によって侵略され、③女性の身体同様、国土が蹂躙《じゅうりん》され、家父長制的家族と子孫の再生産という社会制度が失われることに対して、④戦士として聖なる戦いを行う、と述べています。

命の代償として名誉と救済、女性が与えられるという説は、イスラーム主義のジハードを想定したものですが、IS（「イスラム国」）がヤジディ教徒を性奴隷にしたことなどの兆候を予見させるものでもありました。

しかし、宗教的教説や闘争の過激主義だけにとらわれずに、地政学的に宗教右派や宗教的原理主義が出現した地域を見ていくと、アメリカではラストベルト（錆びついた工業地帯）、イスラーム圏では南アジア（石油資源に恵まれないアフガニスタン）やパレスチナ・シリア（圧制や紛争下で難民が増大）、アメリカに国土を破壊されたイラク、トルコ周辺のクルド民族地域など、政治的機会や経済的機会に恵まれない地域であることがわかります。つまり、このような地域では政治的・経済的自立が困難であり、もはや誇れるものとして民族と家族、宗教文化しか残されていないために、これらをアイデンティティにするしかないという状況があります。

日本において宗教右派が台頭するというのは、それしか誇れるものが残っていないという切実な認識や感覚があってのことではないでしょう。そこまでには至っていませんが、日本会議の結成や勢力の拡大が日本経済の失われた30年と重なっており、東アジアにおいて日本の経済的・政治的地位が相対的に低下し、大国から普通の国になりつつある時代に起こったことに留意しておきたいと思います。憲法を改正して「普通の国」にならなくとも、日本はすでに東アジアにおいて普通の国になっているのです。

第4章

創価学会と戦後ニッポン

1　仏教としての創価学会

創価学会とはどのような宗教か

宗教法人創価学会は、東京都新宿区信濃町に本部施設をおき、公称で日本に827万世帯、海外に約300万人の信者を有する仏教の在家《ざいけ》教団です。1930年、創価教育学会として初代会長の牧口常三郎、2代会長となる戸田城聖《じょうせい》によって創始されました。牧口は、鎌倉時代に法華経《ほけきょう》を所依《しょえ》の経典とした日蓮とその弟子たちの法華系宗派の一つである日蓮正宗に帰依していました。

創価教育学会の名前が示すように、教育者であった牧口が日蓮の教えを教育に生かそうとして、教師を会員とする集まりから教団が創始され、教師や塾経営の経験もある戸田が牧口の志を資金面で支えました。しかし、牧口が神宮大麻《じんぐうたいま》を焼き捨てたことで不敬罪と治安維持法違反により2人とも逮捕され、会の活動は停滞します。

牧口は獄死し、戸田は1945年に釈放され終戦を迎えます。戸田は会員を呼び戻し、事業を再開して1946年に創価学会と改称し、積極的な布教活動（折伏《しゃくぶく》）によって戦後の混乱期を生き抜く青年や都市住民を会員にします。戸田が亡くなる1958年までに会員が75万世帯に達する教団に成長させました。

1960年に3代会長に就いた池田大作は、1964年に公明党を設立し、1970年に公称750万世帯の信者数を抱える日本最大の教団に成長させたのです。

ところが、宗門としての権威を持つ日蓮正宗とその講組織として発展した創価学会との間で軋轢《あつれき》が生じます。創価学会は、法華系宗派のなかでも弱小の宗派であった日蓮正宗を信徒からの莫大な布施で支え、現在の大石寺《たいせきじ》の広大な敷地や大伽藍《だいがらん》を整備し、全国の日蓮正宗寺院にも寄進しました。教団としての勢力は創価学会のほうがはるかに上なのですが、日蓮の教えの血脈相承をいう総本山大石寺の第67世阿部日顕《にっけん》法主は、創価学会の信者にあくまでも日蓮正宗信徒としての恭順を求めました。宗門に距離を置き、創価学会の自律性を強調する池田会長の態度に業を煮やした法主は、1991年に創価学会を破門にします。

それ以来、創価学会は宗門から自立した法華系在家教団となります。「日蓮世界宗創価学会」として、1975年に設立した創価学会インタナショナルとともに世界広宣流布を進める宗教団体となったのです。そして、日蓮正宗の講組織時代とは異なる教学をうちたて、日蓮の教えをこの世で伝えているのは創価学会しかなく、未来の経典に「創価学会仏」と記されるという強烈な自意識と使命感を会憲に明示することになりました。

さて、このように事典のような説明をしても、創価学会がどういう宗教なのか、簡単には理解できないかもしれません。祖師の日蓮、宗派としての日蓮正宗、創価学会の歴代の3代会長、公明党、日本の最有力教団といったキーワードをあげていますが、創価学会の人たちが何を信じ、何をしようとしているのか。日蓮の教えを広めている宗教として法華宗、日蓮宗という伝統仏教の宗派がありますが、創価学会とはどう違うのか。もう少し説明が必要でしょう。

日蓮の教え

日蓮の教えに連なる宗派は近世まで法華宗、近現代では日蓮系といわれています。これらの宗派では、法華経を釈迦牟尼仏（釈尊）が80歳で入滅する前の8年間に説かれた教説と考え、仏典のなかでは最勝の（最も包括的で優れた）経典としています。それに対して、現代の仏教学では、歴史上の人物であるゴータマ・シッダールタが亡くなった（入滅した）のは紀元前6世紀から4世紀までの間としており、法華経の成立は紀元1世紀から2世紀の間で推定されています。大乗経典の成立年代でいうと、法華経は般若《はんにゃ》経、華厳《けごん》経、浄土系経典に次ぐ前期大乗経典に位置づけられています。

仏教はキリスト教とは異なり旧約・新約聖書のように聖典を定めず、大量の経典群をその教えの中身から説かれた時期を推定し、仏典としての重要度を判別（教相判釈）していきました。天台智顗《ちぎ》は一切経（経・律・論の三蔵を含む大蔵経）を五時八教に分類しました。

この分類は時系列ではなく、仏陀が弟子たちの機根を見て対機説法的に順不同で説いたものとされています。最澄がこの説を日本に持ち込み、日蓮が学んで日本の宗派仏教にあてはめ、法華経を最勝の経典としたのです。宗派仏教とは、宗祖や祖師の教えに従って所依の経典を学ぶ出家者、僧侶と信仰する在俗信徒たちからなる教団宗教を指します。

日蓮（1222－1282）は、12歳で天台宗清澄寺にのぼり、16歳で得度して是聖《ぜしょう》房蓮長《れんちょう》と名を改めます。17歳から鎌倉へ遊学し念仏や禅を修め、21歳からは比叡山で学び、園城寺・高野山・天王寺にも学び10年後に清澄寺に帰山した後、32歳で「南無妙法蓮華経《なむみょうほうれんげきょう》」の題目を唱え、日蓮と名を改めます。この年が法華系教団の立教開宗とされます。この頃から日蓮に師事する弟子たちが出てきます。

日蓮は39歳で『立正安国論《りっしょうあんこくろん》』を著し、得宗の北条時頼に上申します。当時相次いだ自然災害は、人々が正教である法華経に帰依せず、法然の「専修《せんじゅ》念仏」を信じたために諸天善神が日本を去ったためだとして、為政者に法華経への帰依を求めます。そうしなければ、世はさらに乱れ（朝廷や鎌倉の権力争い）、他国からの侵略が行われるだろう（蒙古《もうこ》襲来）と予言したのです。

このような諫暁《かんぎょう》は幕府の受け入れるところではなく、逆に、日蓮は批判された念仏僧や信者の武士から生涯に計4度襲撃され、50歳のときに行った諫暁では捕らえられて斬首されるところでした。しかし、罪を減じられ佐渡へ遠島となります。

日蓮は佐渡の塚原三昧堂《さんまいどう》（墓地の傍らに建てられた堂）で一冬を越す間に『開目抄《かいもくしょう》』を記し、一谷《いちのさわ》の草庵に移って2年の間に『観心本尊抄《かんじんほんぞんしょう》』を記します。身体一つで佐渡に連れてこられ、食事も十分に与えられないなかで限られた料紙に記された書は迫力があります。日蓮の執筆は、行学の指針を求める弟子たちに教え諭すかたちで進められるのですが、自らの主張には必ず仏典の典拠をあげて説明しています。

現在であれば、仏教学者や宗教家であっても書斎に一通りの関連書籍を集め、必要な場合は図書館などで検索して確認しながら執筆するでしょう。しかし、当時の日蓮にそのような環境はありえません。佐渡に渡る前の遊学時代や天台宗の古寺であった富士市の実相寺の経蔵などで読んだ一切経のあらましを記憶し、それらを自在に使いながら執筆したのでしょう。この時代の学僧としても卓越した能力の持ち主でした。

法華経と創価学会の教学

日蓮は3年目に赦免され、鎌倉に戻った53歳のときに3度目の諫暁を行います。しかしこれも受け入れられず、日蓮は身延《みのぶ》の地で支援者に支えられながら61歳で亡くなるまで弟子たちの指導に専心しました。「国恩を報ぜんがために三度までは諫暁すべし。用いずば山林に身を隠さんとおもひし也」と故事に従ったとされます。

山梨盆地から駿河湾へ富士山の西側を一気に下る富士川は急流で知られ、その支流・波木井川に注ぎ込む身延川の奥に身延山久遠寺《くおんじ》があります。日蓮の廟所《びょうしょ》と草庵跡は川沿いのわずかばかりの平坦地に築かれています。谷底であるため日は短く、夏は湿気が多く、冬は雪深い土地であり、日蓮も書簡において冬を越す苦労を書き記し、遠隔の地から食料や医療を届けてくれる檀越《だんのつ》（信徒たち）に礼状を多くしたためています。佐渡に勝るとも劣らない厳しい土地に身を置いたために腹病で健康を害しました。日蓮は安房で生まれ、青年期まで過ごし、畿内や鎌倉で壮年期を過ごし、佐渡、身延と気候や食糧事情の悪いところで晩年の十数年を送ることになったのです。

日蓮の著作は、生涯を代表する『立正安国論』、佐渡流罪時代に書かれた『開目抄』と『観心本尊抄』、身延時代の『撰時抄《せんじしょう》』『報恩抄《ほうおんしょう》』のほか、檀越たちに書いたまとまった書簡が遺されており、法華系の宗門ごとに日蓮の著作（御書）を独自に読み込んだ教学を形成しています。

日蓮の教えの核をなす『開目抄』は、仏陀の正しい教えを説く日蓮が世に受け入れられることなく、法難に遭い続けるわけを弟子たちに説明した緊急の書簡です。宗教の教典では一般に苦難の神義論と呼ばれているものがあります。正しい者がなぜ苦難に遭う必然性があるのか。日蓮は、法華経勧持品《かんじほん》に行者が「悪口罵言《あっこうばげん》」「刀杖瓦石《とうじょうがしゃく》」の難に遭うと予言されていること、自身の前世に謗法《ほうぼう》（正しい法をそしる）の罪を犯したこと、諸天善神が日本を去ってしまったことなどを苦難の原因として説いたうえで、にもかかわらず「我日本の柱とならん、我日本の眼目とならん、我日本の大船とならん等とちかいし願いやぶるべからず」と決意を述べます。

日蓮は、仏界は「妙法蓮華経」という5文字に表されており、それを「南無（帰依する）妙法蓮華経」と唱えるだけで成仏できるとしました。

日蓮が生涯に多数著し、弟子たちに与えた文字曼荼羅《まんだら》が仏界も悟りの内容も示しているとされます。南無妙法蓮華経の周りに釈迦仏と多宝仏、先師・諸神を配した文字曼荼羅の構成は、仏像や仏画を布教に用いない法華系仏教の特徴を示しています。日蓮が考えた本尊とは、如来寿量品《じゅりょうぼん》に示された久遠実成《くおんじつじょう》の釈迦牟尼仏です。この本尊に帰依し、南無妙法蓮華経の題目を受持し、信行に励む道場を「戒壇《かいだん》」としました。この本門の本尊・題目・戒壇を法華系仏教では「三大秘法」としています。

さて、長々と天台と日蓮の教えを説明してきたのは、創価学会の教学が法華経と日蓮の教えにあることを説明するためでした。創価学会では、在家仏教でありながら信者の教学研修に力を入れており、任用試験に合格した教学部員は、教学試験を受験することで助師－講師－教授補－教授と昇任していきます。教学部員数の総数は公称２６０万人です。信者の信仰への内的動機づけを強化し、教団としての正統性をもって組織の求心力としていくやり方は、伝統仏教との比較でいえば、驚異的なレベルで組織統合が図られています。

再び、法華系仏教の説明に戻りましょう。

法華門流の競合と合同

１２８２年の日蓮の死後、宗門は六老僧と呼ばれた日昭《にっしょう》、日朗《にちろう》、日興《にっこう》、日向《にこう》、日頂《にっちょう》、日持《にちじ》に託されました。日蓮の廟所は六老僧らが輪番で守ることとされましたが、実際は日興と日向が担当し、檀越の南部実長《さねなが》と対立した日興は身延を去り、富士に移って大石寺を拠点に日興門流（富士門流）を形成します。身延山久遠寺に残った日向は身延門流（藻原寺《そうげんじ》）、日昭は日昭門流（妙法華寺）、日朗は日朗門流（妙顕寺、池上本門寺ほか）、日頂は日常とともに日常門流（中山法華経寺ほか）を形成し、日持は布教を奥州・蝦夷地《えぞち》にのばし、その後大陸に渡ったと伝えられています。法華仏教、日蓮宗といった大きな宗派内にある教えと師弟関係の法縁によって分かれた小宗派を門流といいます。

日朗の弟子であった日像によって京都で布教がなされ、法華宗は京都や堺の商工業者や町衆に信奉されるようになり、15世紀末には21の本山寺院を抱えるほどになります。しかし応仁の乱以降、法華宗は天台宗の比叡山、浄土真宗の石山本願寺などとともに自衛武装化するようになり、16世紀の初めに比叡山宗徒と争い、寺院をすべて焼き払われ堺に逃れます。織豊期《しょくほうき》では、折伏で教線を拡大して他宗と折り合わない法華宗に秀吉が圧力をかけ、他宗からの布施を受ける受不施派《じゅふせは》と受けない不受不施派に分かれました。法華宗は門流ごとに檀林（僧侶の学問所）で独自の教学を展開し、政権との距離によっても方針を違えていたので、近世には非常に多くの門流が本山－末寺の独自の法縁ネットワークを形成することになります。

　富士門流は近世の間、富士大石寺、北山本門寺、西山本門寺で覇を競いますが、次第に富士大石寺が中心となり、師の日蓮から弟子の日興以下歴代の法主が「血脈の付嘱」を受けているという正統性を主張し、日蓮が本仏であるといった日蓮正宗の独自の教学を形成します。

　明治以降、数多くの門流は、法華経の二十八品すべてを所依の経典とする一致派と、二十八品を迹門《しゃくもん》・本門に二分し本門が迹門に優れるという勝劣派に二分されましたが、一致派の諸門流は１８７４年に日蓮宗となりました。戦時体制の宗教統制下において、１９４１年、さらに日蓮宗に勝劣二派が加わり日蓮宗と合同されます。勝劣派は宗派合同の際、本門宗・顕本《けんぽん》法華宗が日蓮宗に、法華宗・本門法華宗・本妙法華宗が法華宗に、日蓮宗不受不施派・日蓮宗不受不施講門派が本化《ほんけ》正宗に合同され、日蓮正宗は独立を維持しました。

しかし戦後、合同の派はそれぞれの門流に分かれていきます。北山本門寺と西山本門寺は日蓮宗にそのまま残り、日蓮正宗の総本山は大石寺となり、総本山と末寺の関係が一体的な独自の教団となっていきました。創価学会は、設立当初からそうした日蓮正宗の特徴をかなり受け継いでいることをおさえておきたいと思います。

日蓮門下の門流は宗学において正統性意識が強く、他流・他派と妥協しない傾向があります。いわゆる身延派といわれる一致派の日蓮宗は釈尊を本仏としますが、勝劣派のうち富士門流（日興門流）に連なる富士大石寺・下条妙蓮寺・保田妙本寺は日蓮を本仏とします。

日蓮正宗は、明治から戦後にかけて塔頭・末寺含めて１００か寺に満たない弱小門流でした。それに対して多数の門流が宗派合同で一つの宗派となった日蓮宗は、総本山の身延山久遠寺、大本山の中山法華経寺・本門寺・妙顕寺・本圀寺《ほんこくじ》、本山39か寺に旧顕本法華宗・旧本門宗を加えた寺院数５０００を超える大教団となっていました。創価学会は、規模だけでいえば数十分の一の弱小宗派であった日蓮正宗の講集団として発足し、伝統教団である日蓮宗に対抗し、数十年をかけて信者数や教団規模において抜き去ったのです。

ところで、創価学会の前史として書き始めた日本仏教と法華宗、日蓮正宗の話を単に宗派仏教の展開だけで説明しても、創価学会が戦後にめざした日蓮の教え、すなわち正法《しょうほう》を国政の柱に据えるという王仏冥合《おうぶつみょうごう》・国立戒壇の話にどこでつながるのかわからないと思われます。法華系仏教の特徴は、日蓮の生涯をかけた国家（国主）への諫暁に示された政治への関与を通じての仏国土実現です。この点を創価学会前史の最後に説明しましょう。

近現代の日蓮主義

日本の近現代の日蓮系宗門や新宗教の社会運動は、日蓮が『立正安国論』で説いた正法のあり方、すなわち正法を国主に諫暁するという行動主義の現れとして理解できます。国家諫暁の際、王仏冥合の具体的な目標として王が本門の戒壇（国立戒壇）を設立し、国主（鎌倉幕府の得宗から天皇へ）が国の民を代表して妙法に帰依すれば、日本の民や世界の人々に妙法が広まり（一天四海皆帰妙法）、人だけでなく国土も成仏するというのです。この理念を日蓮の弟子として日蓮の時代そのままに行うのか、同時代の状況に合わせて改変するのかが、法華系仏教では常に議論されてきました。

立正安国そのものを追求したのが、明治から昭和の戦前期にかけて日本の国家主義と共鳴し合った日蓮主義です。この言葉を作ったのが、国柱会を設立した田中智学《ちがく》であり、顕本法華宗の管長であった本多日生《にっしょう》とともに、宗門内の原理主義的な運動を具体的な政治運動にまで拡張していきました。

田中智学（1861－1939）は日蓮宗で得度するも、宗学に疑問を持ったために還俗《げんぞく》し、在家として宗門改革を求める運動を展開し、1914年には国柱会を設立します。1923年に立憲養正会を結成し、国立戒壇建立を主張、天皇の法華経帰依による広宣流布を主張しました。田中は精力的な文筆活動によって支援者を増やし、文筆家の高山樗牛《ちょぎゅう》や宗教学者の姉崎正治などとも親交を持ちます。会員には石原莞爾《かんじ》や宮沢賢治もいました。国柱会は田中家の子孫を会長として現在まで存続しています。

本多日生（1867－1931）は妙満寺派僧侶として宗制改革を行い、1905年に顕本法華宗と宗名変更を行い、同宗管長として民俗信仰化した日蓮宗を近代化し、門流に分かれた教学の統一を図ろうと統一団を結成します。また、教学や仏典研究、青年や婦人教化を目的とした団体を時勢に合わせて結成して、教学の近代化と社会教化や国民教化を進めていきました。

田中や本多の改革運動は日蓮思想の原理主義的な面を強調しましたが、日蓮宗の正統教学が他宗や政権との関係から内的信仰の側面を重視したのと同様に、日蓮主義もまた当時の国家主義に合わせた教学や運動に展開していきます。田中の王仏冥合論や国立戒壇論がそうですし、日蓮宗内にも清水梁山や高橋善中のように王仏を一致させる天皇本尊を主張して日蓮宗が仏教諸宗をまとめる役割を担おうという動きも出てきます。

明治・大正・昭和初期の日蓮主義は、唱道者によって日蓮思想の具現化の方法や展開は異なるのですが、国家神道とは異なる側面から天皇制と国体を翼賛する仏教運動になっていったことは否めません。これは仏教だけではなく、総動員体制の下で政治的・社会的圧力を回避して教団存続のために諸教団がとった戦略でもあったのですが、国家主義が擬態ではなく本質的な宗教的性格となってしまう特徴を日蓮の『立正安国論』が持っていたことは確かです。そのために、戦後、日蓮宗では『立正安国論』を教学上どう位置づけるのかをめぐって未だに論争が展開される状況があります。そして、創価学会において再び日蓮正宗が保持していた王仏冥合論と国立戒壇論が日本の政治に浮上してくることになったのです。

いよいよこれで創価学会の本論に入る準備ができました。

2　創価学会の歴史

創価教育学会の設立

初代会長の牧口と2代会長の戸田にはライフコースや価値観において共通点があります。2人とも越後・加賀という日本海側で生まれ、チャンスを求めて新天地の北海道に渡り、苦学して学問を身につけ教員となり、さらに大志をいだいて上京しました。しかし、牧口は学者としての夢を果たせず、戸田も実業家としては羽振りのよかった時期もありますが、中年期に失敗し、2人とも晩年になって宗教人としての自己を確立し、仲間を集めた苦労人です。

牧口常三郎は1871年、柏崎県刈羽郡荒浜村（現・柏崎市）で貧しい船乗り夫婦の長男として生まれ、両親の離婚に伴い6歳で叔母の嫁ぎ先である牧口家の養子となります。養家は回漕業を営む日蓮宗の檀家でした。小学校を首席で通した牧口は小樽の叔父に預けられ、小樽警察署の給仕をしながら勉学を続けて札幌の北海道尋常師範学校に入学し、地理と教育の文検（旧制の文部省教員検定試験）に合格して附属小学校の教師となります。

結婚後も地理学者となることを夢見て学問を続け、31歳で上京して札幌農学校出身で地理学者の志賀重昂《しげたか》の指導で大著『人生地理学』を刊行しますが、大学や高等学校に職を得ることがかなわず、出版社勤務などを経て37歳で小学校の首席訓導に戻り、数校の校長などを歴任して60歳で退職するまで在野の地理学者・教員生活を続けたのです。

牧口は57歳のときに研心学園の校長で日蓮正宗の信者であった三谷素啓《そけい》と出会い、その折伏によって信者となり、自己の教育理論に日蓮正宗の教学を接合することで自身のライフワークとなる『創価教育学体系』12巻の刊行をめざして1930年に創価教育学会を設立しました。牧口は研修会や座談会で教師関係者に自身の考えを説き、太平洋戦争開始時には約1500名の会員がいたといわれます。創価教育学体系の刊行事業を支えたのが、牧口に師事していた戸田甚一（城聖）です。

戸田甚一は1900年、石川県江沼郡塩屋村（現・加賀市）に漁民の七男として生まれ、5歳のときに一家で北海道厚田郡厚田村（現・石狩市）に移住しました。戸田は高等小学校卒業後に住みこみ奉公を始め、3年目で小学校准訓導の試験に合格して18歳で夕張郡真谷地尋常小学校の準教員になります。ここでも正訓導の試験に合格して3年間勤務しますが、21歳で上京し、牧口が校長を務める小学校の臨時代用教員となりました。戸田は教員をしながら開成中学の夜間部に入り、次いで中央大学の夜間部に進学しましたが、その間結婚し、生計のために学習塾を開き、『推理式指導算術』を100万部増刷するなど成功します。戸田には学習と事業の才がありました。

戸田は28歳で牧口に折伏されて日蓮正宗に入信したものの、信仰よりも事業に情熱を燃やし、学習塾に加えて出版業・印刷業と手を広げます。とくに、小学校教員から出資金を募って日本正学館を作り、日本商手という手形割引の会社を作るなど事業家として兜町入りも果たしました。しかし、教員や学会員の一部から不満も出て警察が目をつけ、1943年、牧口と幹部は神宮大麻を焼き捨てたことにより、神社に対する不敬罪と治安維持法違反で逮捕されました。1940年に宗教団体法が施行され、宗教統制が強められていたなか、特高警察が学会を内偵していたのです。

牧口は起訴されたものの、1944年、裁判を受ける前に栄養不良のため73歳で獄死しました。1945年7月に戸田は拘置所から保釈された後、すぐさま会の再建にとりかかります。約2年間の獄中生活で戸田は「獄中の悟達《ごたつ》」と称される信仰体験をなし、牧口の志を継ぐ覚悟を固めたとされます。

戸田は元の仲間と創価学会を再建し、大衆雑誌の出版、大蔵商事や東京建設信用組合などの金融業を再び始め、会員の青年たちの職場を作りました。大蔵商事で貸付・取立を行っていたのが池田大作青年です。しかし、信用組合の破綻後に戸田は創価学会の理事長ほか一切の事業から手を引き、1951年、51歳で宗教活動に専念する決意を固めました。この事業失敗が第二の宗教的体験を得た契機とされます。

戸田は1951年に創価学会の2代会長に就任し、出版事業の経験を生かして会員に機関紙「聖教新聞」を頒布し、教化と布教に用いました。戸田は牧口門下生よりも自身が育てた青年幹部に指導者や後継者として重責を与え、教学部門を出版と試験制度から形作り、1955年には文化部から学会員を地方選挙、翌年には参院選に出して議席を獲得しました。このときの選挙対策のブロック作りが創価学会全体の体制となり、布教・選挙の両用可能な体制が創価学会の基本的な構造となったのです。

人間革命と池田大作

牧口には生来の勤勉さがあり、戸田には子どもたちや若者を惹きつける話術と懐の深さがありました。それにもかかわらず、牧口は学者の夢半ば、戸田もまた実業界で上りつめる前にはしごを外されたのです。それが東京の現実だったのですが、2人は成功できない理由を時代状況ではなく、日蓮正宗への謗法に求め、宗教実践によって現証（御利益）を得て成功する道を発見しようと説きました。法華宗や日蓮宗系の仏教では、正法を前世や現世で受持せず、そしった報いとして不幸があると考えてきたことをすでに説明しました。法華経を受持し、日蓮の教えに帰依することで利益されると創価学会も説きます。

この人生経験に基づく強烈な信仰の語りが、同じような境遇にある青年の情熱をかき立てたのです。戸田は事業の傍ら青年たちに法華経講義を行い、1951年には男子部・女子部が結成され、1952年頃に男子には水滸会《すいこ》、女子には華陽会という戸田直々の教えを受ける青年幹部の養成グループができました。

1954年、戸田は男女青年部1万人を率いて大石寺登拝を行い、富士宮東高校校庭で大出陣式を行いました。「国士訓」を与えられた青年たちは、戸田会長の直弟子たるを自覚し、東洋広宣流布のために戦い抜くことを誓い、分列行進した青年たちに戸田は白馬銀《ぎん》嶺《れい》号に跨がり閲兵《えっぺい》しました。戸田は見込みのありそうな青年を選抜者グループに入れ、次期指導者はここから出るとハッパをかけて実績を競わせ、一般の青年たちには大規模イベントに参加させることで一体感を味わわせる絶妙な人心収攬《じんしんしゅうらん》の術を見せたとされます。

1951年に創刊された聖教新聞には戸田が妙悟空の名で、自身が牧口時代から獄中で信仰の確信を得るまでの物語風自伝「人間革命」が連載されました。これは後に池田大作が法悟空の名で執筆し、学会本部が制作する『人間革命』に継承され、創価学会の公式な教団史として創価学会員が参照すべきものとなっています。

ところで、「人間革命」の言葉は、東京大学総長を務めた南原繁の演述が元になっているとされ、戸田も南原の「人間革命」を参照したと述べています。当時、産業革命や社会革命に対応させて「人間革命」の言葉に言及した知識人は多数いたといわれていますが、戸田は日蓮正宗に基づいた人間革命を構想したのです。その内容は、自分自身の生命や境涯《きょうがい》を全体的幸福に至るまで変革し成長することとされ、具体的には、広宣流布と立正安国の活動とされました。

しかしながら、精神革命を強調する言説は、戦後数年のうちにマルクス主義的な人間観・社会観によって取って代わられ、左派的大学人・学生によって支持された左派の思潮は労働運動や学生運動が退潮する1970年代まで続きます。その間、人格陶冶《とうや》や人間関係の改善から社会の変革を構想する流れは、民族右派や新宗教に担われました。

創価学会による人間革命と王仏冥合・国立戒壇の政治運動に共鳴した青年たちは、左派政治運動にも保守政治運動にも居心地の悪さを感じていたのだと思われます。どちらも先鋭化すれば、社会主義や民族主義（日本主義）による思想改造に至る点において人間革命の要素を含んでいますが、社会の前衛や憂国の士たるには、直近の生活上の苦悩から解放され、精神的な問題に時間を費やすだけの恵まれた環境が必要でした。

1960年代に大学に在学して精神的なよりどころを求めた全国大学連合原理研究会や生長の家学生会全国総連合に加入した青年たちは、同世代の上位20%の階層にいたでしょう。それに対して、創価学会に加入した多くの青年たちにそれほどの余裕はなく、教勢を拡大した時期に加入した多くの庶民は謗法払いによる即座の功徳・現世利益を重視したのです。高学歴幹部層の出現は池田大作の下の世代からであり、この点が創価学会の特徴で、信者層の裾野の広さにもつながっています。

創価学会躍進期の布教戦略を示す『折伏教典』から、当時の創価学会がどの社会層に布教していたのかを確認していきましょう。

創価学会の教本『折伏教典』

『折伏教典』は1951年、教学部編として刊行され、1969年まで改訂39版を重ねる創価学会の教本でした。後に述べる言論出版妨害事件が問題となったのは絶版の翌年です。池田3代会長が創価学会と公明党の分離について言及せざるをえなくなったことで、王仏冥合の政教一致論ほか、戸田2代会長時代の教説が中心であった教本の使用をやめたものと考えられます。

創価学会の会員世帯数は1970年に公称750万世帯に達したとされ、その後の50年間で現在の827万世帯まで77万世帯しか増加していません。戸田時代から約18年にわたって創価学会の教勢が飛躍的に拡大し、日本社会ではほぼ飽和状態に達したとみていいでしょう。池田時代は、海外の布教活動と公明党を立てた政治宗教としての活動を確立した時代とみなすことができます。なぜ創価学会が戦後期から高度経済成長の前期までにこれほどの教勢を拡大できたのかを、教説と布教戦略から概観します。

改訂4版の『折伏教典』（総380頁）は池田大作監修とあり、教説の総論と信仰指導の各論に分かれています。全体は4つのパートに分類できます。

① 創価学会独自の仏教論の導入……戸田の「生命論」が中心となります。生命論の骨子は、生命（法身）・心（報身）・肉体（応身）は永遠に変化しつつ実在し、人は死によって大宇宙の生命に溶け込み、業《ごう》を感じつつ変化し、機縁によってまた生まれるというものです。成仏とは永遠の生命を獲得することであり、大御本尊を信じ題目を唱えることで御利益、あらゆる幸福を得る。この境涯に達することが人生の目的とされます。

② 日蓮正宗の教説……実践的教説の骨子は、三大秘法（本門の本尊・題目・戒壇）の本尊に背くものに罰あり、折伏に大利益あり、王仏冥合は日蓮の遺命であり、万人が希求する理想の政治であり、ここに咲く文明こそ唯神論・唯物論を超えた第三文明になるとされます。

③ 他宗批判……書籍の約3分の1が他宗批判に充てられているところが、『折伏教典』たるゆえんです。

④ 教化・育成の実践論

実践信仰の内容は、直截的かつ他宗に対して排斥的です。

「罰のないような教えでは、利益もあるわけがない。教えが高ければ高いほど、罰が大きく現れ、罰の大きいことによって、利益がいかに大きいかがわかるのである。(296頁)」

「大聖人は仏であらせられるのである。しかも、その位は釈迦等のとうていおよぶ分際ではない末法ご出現の御本仏であり、釈迦・天台・伝教等も願求していたことは経文に明らかである。(316頁)」

身延派と称される日蓮宗への攻撃も激烈です。

「俗にいう日蓮宗を代々やっていると家族に不具者ができたり、知能の足りない子どもが生まれたり、はては発狂する者ができたりして、四代法華、五代法華と誇っている家ほど悲惨な生活をしているのである。(321頁)」

そして、謗法の報いとして罰があることも明確に記されています。

「罰には総罰・別罰・冥《みょうばつ》罰・現罰の四種あり、正しい仏法にそむくことにより一国の謗法が深ければ、総罰として地震・大風・他国侵逼《しんぴつ》等の大難があり、この果報はとうぜんうけなければならず、また、個人にふりかかってくる金銭上の損害・病気・ケガ・一家不和等は、個人個人が受ける別罰であり、謗法の強い人は死ぬ場合すらあるのである。冥罰といってしらずしらず大変な損をする罰もある。さらに大きな罰は死後の苦しみで、現世の苦しみに幾層倍する大きなものである。(346－347頁)」

結局のところ、戸田の生命論・幸福論の正しさは、牧口が説いた罰論による現証として実証されます。健康や生活上の困難を抱えた者への処方箋としては、不幸の原因はすべて謗法にあり、日蓮正宗に帰依することで自身が生まれてきた目的と意義を知り、幸福への道筋を確実に歩めるのだという実践論にまとめられます。

教団成長の時代背景

昭和20年代(1945－)の日本は、人々が生きのびるだけで精一杯でした。東京をはじめ軍需工場のある都市は空襲で焼け野原となり、戦地からの復員兵と外地の日本人居留民あわせて600万人からの人々が引き揚げ、親戚や知人を頼りながら生きる術を模索していました。

日本の敗戦を総罰で納得できる人は少なかったでしょうが、国が頼りにならず自助と互助だけが頼りの時代に創価学会が提供した生命論や幸福論を受け入れた人々はそれなりにいたのではないでしょうか。生きのびる、幸せになるためには自分を変えるしか方法がないというのはある意味でそのとおりでした。

1950～53年の朝鮮戦争において日本は米軍の物資調達地域として特需の恩恵を受け、昭和30年代（1955－）から日本経済が復興します。その過程において大量の地方の人々が東京・大阪ほかの都市圏へ進学や就職の機会を求めて移動し、少しでもよい生活を夢見て日常生活に奮闘しました。戸田の生命論や幸福論は、そうした地方から都市への移動者の心もつかんだのです。

初期の創価学会は本部から全国各地へ折伏に出かけて拠点を作っていましたが、1956年頃から組の座談会を活発化します。教団組織は本部－支部－班－組（現在のブロック）で構成されていました。本部の教学部では教理の専門家が養成され、班・組の集会へ派遣されます。組は一軒の家で座談会ができる程度の規模なので20名程度であり、それ以上になると細胞分裂をなして新たな組が作られたのです。

創価学会の教団成長は、わかりやすい教えと教化・広宣流布に適した組織構成にあります。その教線の拡大は伝統宗教や既存の社会組織と信者や選挙の票をめぐってぶつかることになりました。日蓮宗と対決して法論で勝利したとされる小樽問答と、日本炭鉱労働組合（炭労）との対決にも勝利したと喧伝された夕張炭鉱の事例については新資料を加えて拙編著で述べていますので、ご参照ください（櫻井義秀・猪瀬優理編、2023）。

3　公明党の結党

国政への進出

1955年に創価学会は統一地方選挙に学会員候補を推薦し、53名を当選させ、翌1956年には参院選で6名の候補を推薦して3名を当選させ、国会へ進出します。

第1章で述べたように、敗戦後十数年間は、伝統宗教・新宗教ともに自前で教団人を政治家として政界に送り込み、宗教団体としての理念を議会政治に反映させようと試みました。しかしながら、日本の諸教団が宗教者や教団として一致した理念や利害関係を持つわけではなく、若干名の議員がそれぞれに活動するだけでは立法活動もままなりません。じきに既存政党の議員を支援・後援して教団の理念や主張を政策に反映させてもらったほうが、政治参加に有効であると多くの教団は判断し、政治への直接参加から間接的な政治参加に切り替えます。

その点で、創価学会は日蓮正宗の王仏冥合や国立戒壇の考え方を戦後も保持し続け、ほかの教団とは異質な存在でした。宗教としての教勢拡大は、正法による仏国土建設のための政治運動に転換するべきものだったのです。

戸田は地方議会と参院選から政治参加を本格化させましたが、戦後10年目のこの段階ではまだ信者が20万世帯に達しておらず、学会員の票だけでは出馬した学会員を議会に送り込むことができませんでした。そこで、学会員が友人・知人に声がけするほか、さまざまなやり方で選挙活動を行うのですが、1957年に渉外部長兼参謀室長だった池田大作ら数十人が公職選挙法違反で大阪地検に逮捕されています（大阪事件。池田は無罪、会員は罰金刑）。

また、多くの創価学会員は中下層の庶民であり、同じ層で集票活動を展開していた左派政党の政治組織とも競合し、炭労と対峙した夕張事件も1957年に起こっています。この当時、創価学会が鋭く対立した社会的勢力は左派系政党や知識人のみならず、宗論を挑まれた日蓮宗（1955年の小樽問答事件）をはじめとする伝統教団とも対立を深めていました。

創価学会の布教戦略は、伝統的な寺院仏教に宗教論争を挑み、信者になったものに神仏習合的な祭具などを捨てさせ、創価学会会長と教団組織に忠誠を誓わせる攻撃的なものだったので、伝統仏教や農村社会は警戒したのです。また、日本の経済成長を下支えした農村部から都市へ移動してきた工場労働者や雑業層、炭鉱労働者などを布教対象者として拡大してきたために、同じ階層集団を取り込んできた日本共産党や日本社会党、および産業別組合組織とも対立しました。

　こうした社会状況を観察した社会科学者たちは、創価学会と労働運動が交錯する地点を日本の社会変革の分水嶺と見定め、創価学会のようにカリスマ的指導者と軍隊的な組織動員に日本人が魅惑され、率いられている状況を戦後民主主義に対する反動と評しました。

　こうした創価学会の活動形態が社会的軋轢を引き起こしたのですが、そもそも政治参加する際の理念である王仏冥合論自体が内包する原理的問題もこの時代に提起されています。つまり、王仏冥合とは元来、王権（政治）と仏法（宗教）が一体化していくという事態を理想としているだけで、誰が王なのか、誰が正法を護持しているのかという判断を誰がするのか、そして一体化をどのような政治体制の下で進めていくのかといった政治過程論が抜けているのです。そのために、政治参加のやり方は、創価学会を取り巻く状況のなかでその都度検討され、変化してきました。

　池田大作が「民衆」という言葉を最も多く使った宗教指導者であったことは確かで、主体を民衆、創価学会の信者に定めていました。他方で、創価学会は「師弟不二」の考え方が強く、「師匠が針で弟子が糸」というように師からの教えを弟子が受け継ぐことで正法が保たれると考えています。池田は牧口・戸田と並んで永遠の指導者として「先生」の呼称で呼ばれ続けました。その意味では、民衆が主体なのですが、民衆の指導者は先生一人

創価学会と公明党

1930　創価教育学会設立。初代会長は牧口常三郎
1946　創価学会に改称
1951　戸田城聖2代会長就任
1952　宗教法人を取得
1955　統一地方選挙に学会員候補を推薦、53名当選
1956　参議院選挙に6名の候補を推薦、3名当選。国会へ進出
1960　池田大作3代会長就任
1961　公明政治連盟の結成
1964　公明党の結成
1969　言論出版事件
1970　宮本顕治宅盗聴事件
1971　創価大学の設立
1972　正本堂建立
1973　「中道革新連合政権構想」発表
1974　創価学会と共産党が協定に署名
1975　創価学会インタナショナル（SGI）発足
1979　北条浩4代会長就任。池田大作名誉会長就任
1981　秋谷栄之助5代会長就任
1989　議員のリクルート事件関与による辞職、矢野委員長の金銭スキャンダルによる辞任
1991　日蓮正宗から分離
1993　細川内閣が発足し、公明党・国民会議から4閣僚
1994　羽田内閣が発足し、公明党から6閣僚。分党方式（新進党に参加する「公明新党」、地方議員らによる「公明」を結成）
1999　自民党と自由党との連立政権発足。「政教一致批判に関する見解」を公表。公明党は10月に連立政権参加
2001　小泉内閣発足。「テロ対策特別措置法」成立
2003　「イラク特別措置法」成立
2004　有事法制関連7法成立
2006　原田稔6代会長就任
2008　「新テロ対策特別措置法（補給支援特措法）」成立
2013　「特定秘密保護法」成立
2015　集団的自衛権行使を可能にする安保法制関連法が成立
2017　「創価学会会憲」を制定
2023　池田大作名誉会長死去

であり、和合の中心は池田大作その人をおいてないという教学が、約60年間の池田時代を支えたのです。

前ページの表は、創価学会と公明党の90年間におけるおおよその出来事を示したものです。

第1期：創価学会の外護

ここからは、3期に分けて創価学会・公明党の変化を述べていきます。

1964年に創価学会は公明党を結成します。それ以前は、創価学会会員は無所属で出馬し、1961年に結成された公明政治連盟は、創価学会文化部の活動とされました。戸田は生前、衆院選への出馬はないと公言していたのですが、池田は選挙を見据えて公明党の結成を提言し、学会員がこれに応じました。創価学会の公定の教団史として扱われる『人間革命』では、政教分離を明確にするために政党を結成したとされます。

実際、公明党の綱領には、人間・人類の幸福追求を目的とする、開かれた国民政党とうたわれ、規約の党員資格は党員からの推薦と党の綱領・規約の遵守だけが明記されています。しかしながら、支持母体である創価学会の意向を受けて政治団体である公明党が動く構図は結党以来現在まで変わることはありません。

一創価学会員が本部から推薦を受けて公明党から立候補することになり、学会員の選挙活動で当選した後は、公明党の組織的指導で議員活動をしながら、同時に学会員でもあり続けるわけです。そして結成時、公明党の結党宣言には王仏冥合と国立戒壇が掲げられていました。公明党が創価学会の政治組織であったことは、創価学会員、公明党、および当時の日本社会においては自明視されていました。

ところで、創価学会の政治参画は、左右のイデオロギー政党の間にあってユートピア政党というべきものでした。55年体制下において公明党は中道政党と位置づけられていますが、仏教の中道でも国民福祉のための中道でもなく、当時は王仏冥合と国立戒壇を掲げ、実質的に池田大作会長と創価学会員を守るための政党でした。創価学会の教勢拡大に対抗する炭労をはじめとする組合系左派勢力とは対抗関係にあり、自前の政治力を持つ必要性に迫られていたのです。

公明党は政党結成後も創価学会への批判勢力との関係に苦慮し、1969年には『創価学会を斬る』という批判書の出版予告に対して著者の藤原弘達と版元の日新報道に対して種々の圧力をかけました。自民党の田中角栄幹事長は公明党・竹入義勝委員長から依頼されたとして電話や料亭で藤原に出版断念の説得を行いましたが、最終的には出版されます。この件以外にも批判書の著者や出版社に批判封じを行ったことが言論出版妨害事件といわれました。

1970年、マスメディアや国会で創価学会の行動が問題化されるにおよび、創価学会第33回本部総会において池田会長は、「本門戒壇は国立である必要はない。国立戒壇という表現は、大聖人の御書にもなく、また誤解を招く恐れもあり、将来ともに使わないと決定しておきたい」と述べ、日蓮正宗の法主であった細井日達も「正宗が使用したこの語を信徒の創価学会が使用したが、世間の疑惑を招くので使用しないことにする」と応じて、政教分離に反する批判を受けたことへの応答としました。そのうえで、言論妨害という意図はなかったが、世間を騒がせたとして謝罪したうえで国立戒壇の旗をおろしたのです。

SGIの海外布教

1972年、創価学会は富士大石寺における正本堂の建立をもって、本門の戒壇建立と意義づけて政教分離批判をかわそうとしましたが、日蓮正宗側が最終的な戒壇ではない（事の戒壇）との見解を示しました。

法華系仏教の教えには、本門の戒壇として理の戒壇と事の戒壇があり、理の戒壇は内心から入るもので本尊に礼拝・給仕を行う場所であればどこでも戒壇になります。他方で、事の戒壇は具体的な建物であり、法華経を広めるために国家が特別な戒壇を作り、広宣流布するというものです。公明党の設立意義はまさにここにあったわけですが、創価学会が国立戒壇論をおろすのであれば、王仏冥合・国立戒壇論を除いた大衆福祉・平和の政党にならざるをえません。

メディアからの批判によって、創価学会は教団と政党設立の目標であった事の戒壇を大石寺の正本堂としたのですが、日蓮正宗は宗義を変える必要性には迫られていないので、事の戒壇存立の意義が宙に浮いてしまいました。正本堂は、大石寺が1991年に創価学会を破門した後、1998年に解体処分されました。正本堂をめぐる一連の問題に関わったのが、後から述べる冨士大石寺顕正会《けんしょうかい》であり、この教団は現在も国立戒壇論の旗をおろしていません。

ともあれ、創価学会にとって1970年が転機となり、公明党は政教一致型のユートピア政党から政教分離型の中道政党に転換を迫られ、創価学会は布教の軸足を飽和気味の国内から伸びしろのある海外へ転じることとなったのです。創価学会の教線は日本社会の津々浦々に拡大したとはいえ、農村部から都市への移動者や基幹工や熟練工など大企業主導の組合運動からこぼれ落ちた人々が広宣流布の主たる対象でした。都市部の流動層に居場所と唱題行による実証の獲得という幸福の現世利益を提供することで信者を獲得してきたのです。

教団成長は1970年代初めに公称750万世帯を超えたところで頭打ちになり、従来の折伏という強引な布教と現世利益の強調だけでは豊かになった国民の心をとらえることが難しくなってきました。そこで、創価学会としても宗教団体としての教勢拡張から教団に価値を付加する戦略に転換したのです。

1979年に3代会長を辞任することになる池田大作が、1975年に海外布教をめざして設立したSGI（Soka Gakkai International）の会長として、世界の要人や知識人と対話を繰り広げ、機関紙を通して会員を指導していくことになります。創価学会と公明党の行政的トップは後輩に譲りますが、宗教的カリスマとして2023年に死去するまで創価学会の指導者でした。

第2期：大衆政党としての模索

1970年代初頭は左派運動がまだ勢力を保っていましたが、1960年代から1990年代まで続く高度経済成長によって学生運動と労働運動は勢力を減退させていきます。戦後のベビーブーマーたちが成人して労働力に参入したこの時代は、子どもと高齢者の扶養人口が少なく、1990年代まで生産年齢人口が約70％近くに達していた人口ボーナス期に相当し、日本経済は黄金期を迎えたのです。

中道政党として創価学会から自立することを迫られていた公明党は、1973年に「中道革新連合政権構想」を発表し、自民党と社会党の二大政党と共産党を除いた民社党ほかとの協力関係を模索しました。共産党とは未組織労働者層や票を奪い合う関係であり、選挙のたびに創価学会＝公明党を批判する共産党、および左派系知識人の存在は公明党にとって実に煙たい存在でした。

1970年に日本共産党委員長の宮本顕治宅に仕掛けた電話盗聴事件の裁判では、1988年に東京高裁判決が出ており、創価学会の顧問弁護士であった山崎正友が主導し学生部幹部が実行したことと後に会長となる北条浩の了解を得た行為であったことが認められています。この判決が出る前の1974年には、創価学会と共産党の間で長年の敵視政策をやめる創共協定が結ばれましたが、公明党はこの協定を受け入れることなく、現在に至るまで競合関係は継続しています。

この時期、公明党は社会改良主義に転じた左派系政党や地域密着で利益分配を図る自民党との差異化に苦しみ、1980年には社会党とも連合政権構想を合意したり、自民党とも接触を図って勢力拡張をねらうなど焦点の定まらない活動を継続しました。また、1989年にリクルート事件で公明党の池田克也議員が議員辞職・離党し、矢野絢也委員長が明電工事件絡みで委員長を辞任するなどスキャンダルが続きます。

公明党が迷走するなか、創価学会が世界宗教となることをめざしたＳＧＩでは、池田会長が政治・文化の領域における国際的著名人や文化人と対談を重ね、１９８１年に国連難民高等弁務官事務所と国連広報局の認定ＮＧＯに、１９８３年には国連経済社会理事会、１９８９年にはユネスコのＮＧＯとして登録されました。核兵器の廃棄や戦争と平和にかかる展示活動やキャンペーンを世界各国のＳＧＩとともに展開したのは、国立戒壇に代わる目標を模索し、平和活動をＳＧＩの世界布教の目標に据えようとしたからでしょう。

２０００年代からは、「核兵器なき世界への連帯」展、広島での「核兵器廃絶のための世界青年サミット」を開催するなど、創価学会をあげて国際ＮＧＯ「核兵器廃絶国際キャンペーン」に協力しています。しかしながら、日本は２０２１年に国際法規として発効した核兵器禁止条約の批准はおろか、オブザーバー参加もしていません。公明党はこの間、理念政党であるよりも国会内で実質的な勢力を拡張するための戦略を駆使していたように見えます。それが他政党との合従連衡による権力への接近でした。

１９９３年の衆議院選挙で自民党が過半数割れとなり、分裂してできた保守系新党から日本新党の細川護熙《もりひろ》を首班とする連立政権が誕生します。公明党は総務庁長官、郵政大臣、労働大臣、環境庁長官のポストを得て４名が入閣しました。１９９４年、新生党の羽田《はた》孜《つとむ》内閣では６名が入閣しましたが、同年、社会党の村山富市を総理大臣とする内閣（自社さ連立政権）となり、それに先立つ首相指名選挙で海部《かいふ》俊樹元自民党総裁を推したために野党に転落しました。

その後、1994年に公明党を解散して、国会議員が所属する「公明新党」が新進党へ合流し、地方議員を中心に「公明」に残りました。この年から自民党が新進党にゆさぶりをかけるべく、創価学会＝公明党を批判する四月会（正式名称は「信教と精神性の尊厳と自由を確立する各界懇話会」）を設立して創価学会批判キャンペーンをうち、1996年、小選挙区比例代表並立制が導入された初の衆議院選挙で新進党を解党に追いこんだのです。小沢一郎の政治力に一撃を加えた後、橋本龍太郎首相は新進党の部分であった公明党＝創価学会側に公式に謝罪して協力関係を取りつけ、1999年の自民党と自由党の連立政権を発足させます。そして、小渕第2次改造内閣において公明党から1人が入閣したのです。

55年体制が崩壊した後の10年あまり、公明党は協力の相手を求めて合従連衡し続け、創価学会の会員は焦点の定まらない選挙に動員され続けました。公明党の存在意義が創価学会員にも日本の政党政治においても見えにくい時代だったといえます。

見えない独自の理念

なぜ、日本が最も豊かで輝いていた1970年代から1980年代、そしてバブルが崩壊してなお東アジアの経済大国であった1990年代にかけて、公明党は独自の活動を展開できなかったのでしょうか。

もちろん、SGIの対外的な活動は顕著で、国内でも創価学会は池田文化会館の建設や墓苑事業の拡大など着実に教団経営の基盤を固めており、日蓮正宗に破門されることで名実ともに世界の仏教系新宗教としての存在感を高めています。

他方で、国立戒壇や王仏冥合といった政治参画の遠大な目標を放棄したことで、公明党には間接的に創価学会を政界において外護する安全弁以上の役割がなくなります。平和と福祉を実現するための具体的な施策として地方主権を訴えたものの、国政レベルでは独自の理念を持ち得ていないように思われます。そのために、共産党を除くあらゆる政党と合従連衡を模索できたのではないでしょうか。

もう少し別の観点からいえば、55年体制下において公明党のような中道政党の役割は極めて小さく、一般市民から期待される存在でもありませんでした。日本全体が底上げされていた経済成長期の30年間においては、創価学会員としても公明党に具体的な政策を実現してもらうことで生活の向上を図るような期待があまりなかったし、学会員でない一般市民が公明党に頼むことは何もなかったでしょう。

創価学会員としては、信仰の証しとして選挙活動を行い、公明党議員を勝利させることで教えと教団の正しさを実感すればよく、それを2、3年おきに繰り返すことで教団としての再活性化を持続することが、公明党が創価学会に果たした役割といえるかもしれません。

豊かな時代、政策的な方向性を示したのは左右両極に位置する共産党・社会党や自民党であり、中道による人々の幸福実現を訴えるもすでに物質的には経済的底上げによって達成されていました。社会保障においても1961年に国民皆医療保険・皆年金制度が、1973年には高齢者医療の無料化が達成されていました。

高度経済成長期に国民生活が豊かになると、国民からの布施や献金で運営基盤を確保していた伝統宗教や新宗教も潤うようになります。それが宗教施設の新設や改築につながり、外面的には教勢が拡大しているように見えるのです。しかしながら、豊かな時代になると貧病争の解決を宗教に求める人たちが減ります。生活扶助や福祉施設の拡充は行政の仕事になりますし、医療は精神的な病を含めて多くの病気に対応し、イエ・ムラ社会特有の人間葛藤もかなり変質し、個人が大切にされる世の中に変わってきました。

なにより、国民の平均寿命が1950年の約60歳から2000年の約80歳へ、50年の間に20歳近く伸びたのです。長寿を全うするという庶民の素朴な願いが誰にでも達せられる時代になると、人が幸せになるためにはさまざまな条件が必要であるといって心直しや心構えを説いてきた宗教に人は集まらなくなります。豊かさは世俗化を促進するのです。

ただし、従来型の宗教が必要とされなくなった時代でも、個人主義は孤立を、豊かさは消費主義の競争と不安を、多様性の時代は目標の喪失を同時にはらんでいきます。こうした時代と社会に居心地の悪さを抱える人もまたそれなりにいて、そうした人たちには自己啓発セミナー、霊能を駆使するスピリチュアリズムや新宗教、オウム真理教や統一教会、エホバの証人といったカルト視される教団が居場所と承認の場を提供していました。ここでは、この問題に詳しく触れることはできません。公明党の第3期に移りましょう。

第3期：自公連立で権力追求

日本では、1991年にバブル経済が破綻して以降、1997年のアジア通貨危機、2000年のITバブル崩壊、2008年のリーマンショック、2011年の東日本大震災と度重なる経済危機にみまわれました。経済成長率は平均して1％前後、消費者物価はデフレ傾向、労働者の平均給与も下がるなど、数％台の成長を遂げる周辺の東アジア諸国に追いつかれ、物価や中間層の給与水準では韓国などに追い抜かれる状況に至りました。失われた30年といわれます。

その経済的要因は、日本の企業や事業体が労働者の非正規化を進め、低賃金労働者でも暮らせる程度に物価を抑えて安さを競わせるもの作りやサービス提供を経済活動の軸としてしまったために、労働生産性が低いまま推移したことです。また、高度経済成長時代の成功体験を引きずり、経済大国の慢心と安定を求める国民の意識が、イノベーションより現状維持を望む時代の風潮を生み出してしまったのでしょう。

この時代の政策は、国民生活に安心安全を提供する弥縫《びほう》策にとどまり、少子高齢化と度重なる災害への対応などで社会保障関連経費が増大し、国民の負担に見合わない歳出の大幅増が20年近く続きました。

現在の40代を中心に、経済生活の基盤が脆弱な世代が出現しています。この世代および続く世代において未婚率が増進し、少子高齢化と地域人口の減少に歯止めがかかりません。国民の要望は一貫して景気の維持と医療費・年金などの社会保障関連に集中し、沖縄米軍基地の移転、脱原子力発電の可能性、憲法改正といった大きな政策目標を抱えながらも、国政選挙では給付政策を争点にしなければ勝てない状況が続いています。

そのため、政府は金融緩和やグローバル企業への支援を政策の柱とし、2019年に社会保障関連経費をまかなうための消費税増税をなすまでに赤字予算を組み続け、2020年からの新型コロナ感染拡大に伴う医療・景気支援策によって、日本の債務残高はGDP比250%を超えるに至りました。

自民党が1999年以降、公明党と連立を組む一方で、新進党を軸に保守系と革新系リベラルを糾合した民主党が1998年に誕生し、2009年から2012年まで鳩山由紀夫、菅直人、野田佳彦を総理大臣とする民主党政権が続きました。しかし、東日本大震災と株価長期低迷への対応において国民の不満が高まり、民主党政権は3年3か月で幕を閉じました。

2012年からは安倍内閣の長期政権、菅義偉の短期リリーフ政権、岸田文雄政権と続いてきました。この20年あまり、政権交代や自民の復活などあったものの、政界再編の軸は保守と革新ではなく、保守と自民離脱者にリベラルが加わった政権奪取のための政党再編劇でした。総選挙も体制選択が争点ではなく、自民党政治に対する批判（小泉純一郎は党首にして自民党批判を展開し、菅義偉の後継を選ぶ総裁選でも自民党の看板掛け替えが焦点）の妥当性を有権者が判断する構図でした。

この間、公明党は政権与党の一翼を担い、自民党政治の維持に貢献し続けてきたのです。中道の政治から権力側の政治に移行し、公明党が掲げた平和と福祉の理念とは齟齬をきたす自民党の法案にも協力してきました。

自衛隊の海外派遣や武力行使に関わる法案のみあげれば、2001年のテロ対策特別措置法、2003年のイラク特別措置法、2004年の有事法制関連7法、2008年の新テロ対策特別措置法（補給支援特措法）、２０１３年の特定秘密保護法、２０１５年の集団的自衛権行使を可能にする安保法制関連法があります。これだけ見れば、識者や創価学会員の一定数が公明党の変質を指摘し、論難しても当然と思われます。

佐藤優は、創価学会こそ自民党による日本政治の右傾化や保守化の歯止めになっているといい、現代では創価学会の宗教としての特長や公明党の政策を弁護する第一人者となっています。佐藤の議論は逆説的ですが、公明党が日本政治のキャスティングボートを握っており、その軸が安倍首相の時代であってもこの程度のぶれで済んでいるのは創価学会＝公明党のおかげなのだというわけです。

この20年の間、民主党政権の頃を除けば衆議院・参議院の両院あわせて50〜60議席を持つ公明党の存在は、自民党にとって選挙戦略上極めて重要なパートナーであるだけではなく、自民党が保守政党と組んで日本国憲法改正の発議が可能な、圧倒的多数となる３分の２を確保することができるかどうかについても、改憲勢力と反改憲勢力のいずれにも是々非々で加担できるという意味でキャスティングボートを握っています。

公明党の集票力

ここで約40年間にわたる衆院選の選挙結果を見ておきましょう。表に示したとおり、自

主な政党の獲得議席の推移（衆議院）

	自民	民主	国民民主	公明	共産	維新	新進	社会	民社	希望	れいわ
1983	250			58	26			112	38		
1986	300			56	26			85	26		
1990	275			45	16			136	14		
1993	223			51			55	70	15		
1996	239	52			26		156	15			
2000	233	127		31	20			19			
2003	237	177		34	9			6			
2005	296	113		31	9			7			
2009	119	308		21	9			7			
2012	294	57		31	8	54		2			
2014	291	73		35	21	41		2			
2017	284	55		29	12	11		2		50	
2021	261	96	11	32	10	41		1			3

民党は２００９年の大敗北を除き、２００議席から３００議席の間、ほぼ安定多数の２６１議席を確保できています。55年体制で票を分け合った社会党は村山政権後、社会民主党と民主党左派に分裂しました。社会民主党となった１９９６年に15議席を獲得したものの、漸減《ぜんげん》する議席数は２０１０年代に入って２議席にまで激減します。

民主党は２００３年と２００９年の大勝利を含め、50議席から３００議席まで無党派層の風次第の議席数確保となっています。２０１７年には民進党が小池百合子東京都知事の都民ファーストの会を母体とした希望の党（２０１８年に解党）と枝野幸男を党首とする立憲民主党に分かれました。地方政党から改革を掲げて全国政党になった

主な政党の獲得票の推移（衆議院）

	小選挙区＋比例区										
	自民	民主	国民民主	公明	共産	維新	新進	社会	民社	希望	れいわ
1983	2,598			574	530			1,106	412		
1986	2,987			570	531			1,041	389		
1990	3,031			524	522			1,602	317		
1993	2,299			511	483		634	968	220		
1996	4,004	1,495			1,436		3,139	478			
2000	4,188	3,187		899	1,407			791			
2003	4,674	4,390		961	942			473			
2005	5,840	4,584		996	985			471			
2009	4,611	6,332		883	792			438			
2012	4,226	2,322		800	838	1,920		187			
2014	4,312	2,169		807	1,310	1,270		173			
2017	4,505	1,581		781	940	515		157		2,111	
2021	4,754	2,870	384	798	680	1,285		133			246

＊単位は万票

日本維新の会や希望の党も50議席を確保した年もありますが、固定票は必ずしも安定していません。

　日本維新の会は２０１４年の41議席が２０１７年には11議席になり、２０２１年に再び41議席に戻っています。これらの政党はかなりの程度、政党交付金に資金を依存していますが、独自の資金と盤石の固定票を持つのが公明党と共産党です。公明党は21議席から58議席まで波はあるものの、この20年は30議席前後を確保し、共産党は20議席後半から徐々に減らしているものの10議席程度を維持しています。

　議席数で見ると小選挙区で勝利した政党と死票を抱えた政党の差異が顕著になるので、獲得した票数だけで政党の集票力を見たのが前ページの表です。1996年に衆院選が中選挙区制から小選挙区と比例代表の並立制に変わり、総票数が増えたものの、自民党は4000万票から5000万票台の間で推移し、民主党は選挙ごとに1000万票台から6000万票台まで大きく振れていることがわかります。

これに対して、公明党は700万票台後半から900万票台後半(自民と選挙協力をしているため、公明党支持者が自民党に投票、またはその逆の選挙区があります)、共産党は風が吹いたときは1400万票に達しますが、固定票は600万票台から900万票台の間であることがわかります(すべての選挙区に候補者を擁立した2014年までは死票が多い)。

利かないブレーキ

1980年代以降の政党別獲得票数をみると、固定票を持つ自民党、公明党、共産党の3党が抜群の安定度を示していることがわかります。もちろん投票行動は、55年体制が崩壊してイデオロギー的な政権選択から経済生活や社会保障などの身近な問題を重視したものに変化しました。

そして、よりましな政権運営を期待できる政党への投票に変わり、政権交代が相次いだ1990年代以降に無党派層の存在がクローズアップされてきます。無党派層を引きつけられるかどうかが選挙に風を起こせるかどうかと同義になり、2005年の小泉純一郎による自民党の大勝や2009年の民主党の大勝には無党派層が大いに関わったとされます。
農林漁業や地方自治体の人口減が深刻化し、基幹産業であった鉱工業の正規労働者が減ってくると、自民党や社民党、民主党ともに固定票の目減りはいかんともしがたく、都市集住の中間層の支持（風）を呼び込むか、ほかに固定票を持つ政党と連衡するかしかなくなります。自民党は1999年にこの選択をし、長期政権を持続させました。

他方、左派から保守まで幅広く政権奪取のために結集した民主党（立憲民主党）も2021年の選挙でようやく共産党と選挙協力を行う決断をしました。その効果が限定的だったことから、支持母体の連合は共産党との協力に疑問を呈しているのですが、大企業の企業内労組が労働運動の担い手だった時代は過ぎており、集票力を過信しているように思われます。野党が票をまとめきれず、死票を多く出すことで与党は得をしてきました。自民党と公明党が緊張関係を保ちながら念入りに票を計算し、協力しているのとは対照的です。

2022年、第26回の参院選では、自民が改選前55→改選後63、立憲23→17、維新6→12、公明14→13、共産6→4、国民7→5、れいわ0→3、社民1→1、N国0→1、参政0→1、無所属8→5と議席数を変え、自民は248議席中119議席、公明は27議席、与党があわせて146議席と安定多数を確保しています。さらに、憲法改正に同意する意向を示している日本維新の会と国民民主党を加えた4党の議席は、改正の発議に必要な参議院全体の3分の2を占めるに至っています。

もっとも、現在の日本政治において選挙結果では圧倒的な与党支持になっているものの、政権支持率は不支持率と拮抗するか下回る局面が多く、憲法改正を発議できる政治状況にないことは確かです。

そこで岸田政権は2023年末の閣議決定で、武器輸出を制限している防衛装備移転3原則と運用指針を改定し、ライセンス生産品の武器部品をライセンス元の国に輸出し、その国が戦争当事国に完成品を提供することに道を開きました。公明党は慎重な姿勢を崩しませんでしたが、自民党の政策をとどめることはできていません。選挙協力の解消を持ち出すことは、公明党にとっても連立から外され、与党の座から降りる覚悟がいるので、それは最後のカードとして取っておきたいのかもしれません。

公明党と日本共産党

さて、この節の最後に、創価学会＝公明党と日本共産党の共通点と頑健さについて述べておきましょう。どちらの政党も、支持基盤の階層性と組織動員の方法、組織ガバナンスの手法が中央集権的という点で共通しています。なによりも会員と党員に支えられた自立的組織（利害集団からの支持や献金を要しないこと）であり、党員や会員が自分の生き方として組織活動に邁進する（献身への報酬は往々にして彼岸にあること）、そして、そのようなライフスタイルが組織エリートと中下層の支持者によって共有されていることです。

これらの諸点が、利害やその時々の関心で離合集散する他党とは大いに異なります。しかし、創価学会と共産党は、公明党の設立期から現在に至るまでライバル関係にあります。機関紙や書籍による創価学会＝公明党批判は共産党によるものが圧倒的に多く、かつてはジャーナリズムであれアカデミズムであれ、大半が左派的視点からの批判でした。

しかし、自公政権が誕生すると、創価学会＝公明党のプレゼンスは共産党を凌駕してしまっています。いくら共産党が批判をしても、保守・リベラル双方のメディアは表立って創価学会批判を行うようなことはありません。それは、創価学会がジャーナリズムやアカデミズムのなかで存在感を増してきたことにも由来します。創価学会の機関誌でもある聖教新聞は、読売新聞に次ぐ公称５５０万部の発行部数を持ち、ほかの全国紙や地方紙と異なり、無料のネットニュースによって購読者数を減らすことはありません。

もう一つ、公明党が共産党よりも勢力の維持において有する利点は、イデオロギー政党ではなく宗教政党であることです。イデオロギーは個人の政治・歴史認識であり、日本では学生運動や労働運動が盛んであった世代をボリュームゾーンにしています。

高齢化は共産党員の構成にとって深刻な課題です。他方で、創価学会は信者としての信仰を親から子へ継承することを目的とした教化が行われており、実際、創価学会ファミリーが現在の信者層の中核になっています。この層は世代間で信念と組織への忠誠を再生産します。個人より家族は強いということです。

いずれにせよ、自民党と公明党の連立政権はいまのところ盤石の基盤であり、公明党は日本社会の趨勢《すうせい》に大きな役割を今後とも果たしていくだろうと予想されます。しかし、それだけに創価学会＝公明党の政治宗教としてのあり方を相対化するような議論がメディアやアカデミズムのなかから生まれてこないのは、日本社会にとって不幸なことです。この意味は最後に述べることにして、その前に、創価学会の宗教団体としての頑健さをほかの宗教団体とも比較しながら確認しておきましょう。

あらかじめ結論を述べれば、政治宗教としての特長が、ほかの宗教団体にはない強靱さを生み出しているのです。創価学会は公明党という政治組織を持っている強みを生かし、公明党は創価学会という支持母体の施設と信者を最大限活用し、相乗効果で強さを維持してきました。

4　創価学会はなぜ一人勝ちできたのか

勢力を維持する最大教団

創価学会はなぜ、他教団が教勢を落としている世俗化の時代においても教勢を維持できているのでしょうか。

公称827万世帯は日本の教団宗教において群を抜く信者数であり、信者を動員する組織力も強力です。創価学会は宗教勢力としてだけではなく、政治勢力としても1999年以来自民党と連立与党を組みうる強力な政治勢力なのです。創価学会の巨大さと旺盛な宗教・政治活動については、ほかの伝統宗教や新宗教と比較してみることでよくわかります。この点を人口変動から見ていきましょう。

日本の人口は2009年以降、減少に転じました。2050年には1億人を割り込み、2100年には5000万人を割り込むことが予測されています。高齢者人口比は2060年に39％に達し、その後は横ばいに推移すると見られます。すでに生涯未婚者・独居高齢者の増加など平均世帯人員の縮小が進行し、3世代世帯比率は5％を割り込むなど世代ごとに居住地域も異なっています。

多世代が生活空間をともにすることで可能であった檀家制度が崩れ、日本の寺院仏教は急激な衰退を迎えています。親子関係の通俗道徳や先祖祭祀、家族意識に基盤を置いた新宗教も同じ道をたどります。そして、地域社会においては、若い世代が都市部に流出することによって人口の社会減がいっそう進行し、地域の宗教施設や祭礼行事を維持することが困難になるのです。このことは産土《うぶすな》型神社が多い地域神社の衰退にもつながるし、地域社会に根ざした新宗教も存立の基盤を失っていくことになります。

このような人口変動によって伝統宗教と新宗教は長期的に衰退趨勢にあるのですが、創価学会はこの状況に対して抵抗力が強く、教団の規模の確保と勢力の維持に成功しているように見えます。もちろん、創価学会といえども信仰継承の難しさはほかの新宗教と同様であり、3代目4代目ともなれば、強烈な救済や回心の体験を経て信仰を確立した初代ほどの信仰の篤《あつ》さを維持していないでしょう。しかし、そうであってもほかの教団宗教の衰退傾向に比べれば、はるかに勢力は維持されています。

強さの5つの要因

なぜ、創価学会は家族変動や地域変動に対してレジリエンス（復元力）が高いのでしょう。この問いに5つの要因から考えてみます。

①　忠誠心の向かう先

創価学会における信者の指導者や組織に対する忠誠心は、牧口・戸田・池田の3代にわたる指導者と、日蓮仏教の正統な担い手である創価学会本体に向けられています。指導者と信者、組織と信者という直接的な関係は「師弟の精神」で結ばれ、教団幹部や中間管理職が組織内に勢力を生み出せない中央集権的構造があります。教団職員は包括宗教法人である教団本部に雇用され、同時に在家教団としての信者組織にも組み込まれています。

それに対して伝統仏教では、祖師や法主（管長）と信徒の間に檀那寺《だんなでら》や住職が介在し、信者の意識がわが寺やわが先祖といった家族の共同性にとどまり、宗派全体には至りません。一寺院が一宗教法人であり、寺院の人事権に強力に介入できる宗派仏教は日蓮正宗に典型的ですが、稀な例です。現在では寺院の世襲率が極めて高いので、僧侶も檀信徒もわが寺に意識がいきます。

神社や戦前に設立された古いタイプの新宗教もこのような組織構造を持っています。そのほかの新宗教においても自分と導き手の関係や所属教会との関係が強く、指導者や組織が信者個人に強力に働きかける構造にはなっていないのです。

また、伝統仏教や霊友会・立正佼成会などほかの法華系新宗教と比べても教勢が落ちにくい理由は、先祖祭祀・死者供養が信仰の基底にないことが大きいでしょう。日本の家族がイエであった時代、また、イエでなくなっても家族主義の文化が強く残っている時代は、先祖を祀る、死者を供養することでの加護や利益が人々の心に響いたし、説得力を持ちました。

しかしながら、家業としての農林水産業に従事する人や職人、商店などが減って勤め人が職業の大半を占める現代において、3世代家族は全世帯数の5％に満たず、親子の核家族世帯と若年者と高齢者の単独世帯がそれぞれ3割という世帯構成になっています。こういう時代において家族の文化としての先祖祭祀や死者を祀る文化は継承されにくいのです。それが、伝統仏教や先祖祭祀を教説の中核に据えていた仏教系教団が教勢を落としている主因です。

創価学会は、広宣流布の主体となる創価学会への所属と法華経を受持する利益を信仰の柱にしてきたので、家族変動の影響を直接受けにくいのです。

② 都市型宗教

創価学会は都市型の宗教です。創価学会の信者は向都離村し、自営農階層から労働者階層に下降移動した人たち、すなわち檀那寺とつながりを持っていない都市住民が多いのです。創価学会の座談会や世代・男女別組織は、都市のなかの新しい共同体として機能し、青年たちに居場所を提供しました。移動者に対応した宗教であるからこそ、現代でも通用するのです。

高度経済成長期に家族から離れ、地域から離れた人たちを新たにまとめあげる所属組織の構築を進めるとともに、全国をブロックに分け、地方支部は本部から直接指令を受けて末端の会員にまで伝達する官僚制的統治機構と司令の媒体である聖教新聞の頒布の仕組みも作り上げました。

本願寺派教団のように全国の寺院を教区－組単位で掌握し、宗報を月刊で刊行し、情報伝達に務めるほどの組織化された伝統宗教でも、寺院単位、個別門徒の動向を掌握しきれません。まして本末の寺院関係や親教会－子教会（分教会）の関係が組織原理となっているところでは、本部組織として信者個人を把握することは不可能です。移動者をフォローできないまま、都市部でも流入者を受け入れる体制が整っていないために、信者の減少に歯止めがかからないのです。

③　信者のターゲット層

創価学会は創設以来一貫して日本最大のボリュームゾーンである中下層の人々を信者としてきました。宗教運動が規模を拡大できるかどうかはどの社会層をターゲットにし、信者間のネットワークと組織化を図るかで決まります。

天理教や金光教などは近世の農村社会を成立の基盤とし、大本は農村や都市の中間層に入り込みました。戦後の新宗教はどの教団もまさしく庶民の宗教でした。対象とした社会層が信者となり、その階層が高度経済成長期に底上げされることによって教団全体の規模と財政がともに拡大しました。創価学会が、法華経信仰とその現証（現世利益）によって後ろ盾を持たない人々を引きつけ、信者としていったのはほかの新宗教と同様でした。

創価学会の幹部や公明党の議員を含めて、創価学会信者の2代目3代目のなかには社会上層に入った人も多いでしょう。しかし、数百万人の信者がいれば、社会層としては上層から下層にわたっていることは当然です。教団が勢力を維持するためには、信者としてリクルート可能な人口のボリュームゾーンが日本社会にどの程度あるのかが依然として重要です。豊かでない人も信者として布教対象の射程に入れているのかどうか。この点において伝統宗教は明らかに教団を支えることができる階層の人たちによって支えられています。

現代は格差社会が時代のキーワードとなるくらいに、日本の中間層は中上層と中下層に分かれ、それぞれに異なるライフスタイルや世代の再生産を進行させています。日本経済の停滞の間にいまや中下層が日本社会の過半を占めるに至りました。日々の生活のために苦しむ人々が増えている現在、創価学会の教えや給付政策を通した財の再配分を主張する公明党の選挙戦略に共鳴する人々は増えています。

以上の3点は宗教社会学的な観点からこれまでも述べられてきたことですが、この項では新たに2つの観点をつけ加えます。もちろんこの2つもジャーナリズムによって繰り返し主張されてきたことですが、宗教研究においては正面から議論されませんでした。しかし、ほかの伝統宗教や新宗教と創価学会を大きく分かつ分類軸が政治進出であり、選挙体制に応じた組織の動員戦略を宗教組織が保有し、政治活動の果実を信者として味わえることが重要なのです。

④　地域の御用聞き

創価学会は、政治に参画することで信者を含む社会層に福祉や社会保障の資源を届けることに成功しています。２０２４年7月31日時点で公明党に所属する衆議院議員は32

名、参議院議員27名、都道府県議会議員209名と政令指定都市・区議会議員363名、市町村議会議員2296名です。地方議員は4名が推薦議員ですが、そのほかの議員と国会議員は創価学会員であり、地域と全国の創価学会員から投票を受けて当選していま す。東京都議会では定数127名のうち公明党会派は23名で構成しています。

公明党議員の活動は、政権与党として自民党と協働する国会運営が着目されていますが、地方議会における公明党議員の地元に密着した活動こそ、公明党のみならず創価学会の勢力基盤を維持しているのです。「地域の御用聞き」として住民相談に力を入れ、生活者の視点で必要とされる施策を実現していくのが公明党地方議員の活動とされます（公明党ウェブサイト）。

国会政治と地方政治の2方面から支持者の拡大をうかがう政党が日本共産党です。公明党と共産党は支持基盤の社会層が重なり、また選挙戦術も似ているところがあるので長年の葛藤と競合が続いています。この2党では議員候補者の選抜と支援体制が中央主導で決められており、議員個人の地盤と看板で勝負するほかの政党議員とは異なります。

ほかの教団でも国会議員や地方議会議員などを後援・支援、あるいは推薦しています。しかし、一信者がそうした議員に対して社会生活の要望を直接持ち上げることができるかというとほとんど無理だし、考えもしていないでしょう。包括宗教法人の幹部がかろうじて議員の先生方と面識を維持し、いざというときに動いてもらうのがせいぜいです。

この点が、創価学会信者であることのメリットです。もっとも、このメリットを享受するためには、国政選挙や地方選挙のたびに選挙活動に動員されることにもなるわけです。これだけでも創価学会の求心力は、ほかの教団宗教とは異なるものとして理解されますが、もう一つ、創価学会だけが有する世俗化された祝祭空間があります。

⑤　選挙戦という祝祭

5番目の要因として、選挙戦の活用があげられます。国政選挙では衆議院と参議院をあわせれば毎年のように、地方政治では議会と首長それぞれ4年に一度の選挙がありま す。いわば、創価学会＝公明党はほぼ毎年選挙戦を戦っています。ここに学会の総力を結集することによって宗教集団としての心理的・社会的結束力を確認することができるのです。


伝統的な教団においては祖師や教祖の御遠忌《ごおんき》や節目の記念祭があるものの、数十年単位ではイベントの間が空きすぎます。かといって年頭の挨拶や標語、時折のイベントでは教団の構成員を一つの目標に駆り立てるほどのメッセージや祝祭空間にはなりません。

ところが、創価学会では毎年のように全国各地で信者や地域組織が、それぞれの信仰の篤さや実行力を試す機会があるのです。

もちろん、毎年の活動は会員のバイタリティを高める一方で体力を著しく消耗させもします。会員も組織も選挙活動に自らの自由な時間や資金を相当程度投入せざるをえないからです。そのため、公明党は慎重にそれぞれの選挙が重ならないように国会運営を行ってきました。

創価学会＝公明党と日本共産党だけが総力をあげて選挙戦を戦う政治・宗教／イデオロギー集団といえます。定期的な祝祭空間を持つことの意義は、単に集団の結束力や運動目標の確認と革新を進めるだけではありません。選挙戦に勝利することによって、宗教的空間に止まらない現世的空間において勝利の実感を味わうことができます。

創価学会においては「仏法とは勝負である」「勝利することが実証」と戸田城聖から池田大作まで講話や聖教新聞で繰り返し語られています。創価学会において政治進出とは、この勝利を全信者に味わってもらうために必要な政治宗教的な活動目標であり、対価でもあります。この点は、ほかの宗教団体と比較することが困難なほど、創価学会の独自性として際立っています。

5　強さと成功体験が隘路《あいろ》を生む

創価学会の歴史の終焉

創価学会には地域の教団活動史もありますが、池田大作の著作として聖教新聞社から刊行されている小説『人間革命』12巻と『新・人間革命』30巻が公定の教団史に相当します。池田の視点から牧口・戸田時代を振り返った『人間革命』と自身が会長・名誉会長として創価学会の陣頭指揮を執った約60年を詳細に回顧する『新・人間革命』には、仮名ですが会長以下幹部と主立った信者が登場し、学会活動の記録となっています。

最後の巻となる第30巻は、1979年から2001年までの20年間を急ぎ足で振り返り、1991年に日蓮正宗から破門されたことで「魂の独立」を果たしたこと、2001年の創立記念日に「創価三代の師弟の魂」を継承することを確認し、学会は新世紀の「第2の七つの鐘」を鳴らすことになるとして歴史をひとまずとじるのです。

ところで、日蓮正宗の講組織でなくなったことで、創価学会は在家教団としての不都合を抱えることになりました。その象徴的な例が、創価学会員の葬儀・法事です。従来、日蓮正宗寺院とその僧侶が導師を務めた仏式の宗教儀礼ができなくなったのです。

そこで創価学会は「友人葬」と称して地域の学会信者が司式・協力する葬儀を立案し、現在に至っています。僧侶が来ないのだから法号（戒名に相当）なし、布施なし、香典なしと合理的であり、遺骨は創価学会が全国15か所に所有する墓地公園や納骨堂に納めることができます。葬儀と墓を自前で用意できれば、伝統仏教と決別してもやっていけるわけです。

とはいえ、伝統仏教の教学からどの程度離れたのかも見ておく必要があります。日蓮正宗の本山大石寺や各地の日蓮正宗寺院と関係が切れることで、日蓮宗系仏教団体のレゾンデートル（存在意義）である三大秘法＝本門の本尊・題目・戒壇のうち、題目はどこでも誰でも唱えられるのですが、本尊と戒壇の点で困ります。本尊は大石寺に安置される弘安2（1279）年の楠木製《くすのき》とされる板曼荼羅本尊ですが、これが小樽問答の際、日蓮宗との間で本尊論として争われたものでした。

しかし、大石寺法主が板曼荼羅本尊を書写した本尊が下附《かふ》されなくなって、創価学会は1993年から日寛書写の本尊を授与していました。日蓮の真筆とされる文字曼荼羅を書写したものであれば、日蓮正宗法主のものを含めて皆同じという発想であれば、現在の日蓮宗と変わりません。

2002年の教義条項では、弘安2年の本尊を認めていたのですが、2023年刊行の創価学会の教学要綱には、弘安2年の板曼荼羅本尊を受持の対象にしないことを明示しています。本門の戒壇については、理の戒壇と事の戒壇の別なく、「『本門の本尊』を信受し、『本門の題目』を唱えることこそが戒の本質であるから、創価学会員各自がそれぞれの家庭などで御本尊に向かって題目を唱える場が『本門の戒壇』といえる（前掲86頁）」とされています。

要するに、創価学会の教学は伝統仏教である日蓮宗の教学と極めて近似してきており、相違点は、日蓮宗では上行《じょうぎょう》菩薩の本化として日蓮を拝するのに対して、創価学会では日蓮を末法の本仏として仰ぐとして、日蓮宗勝劣派・富士門流、すなわち日蓮正宗の名残をとどめています。なぜ、日蓮正宗の本仏論だけを継承するのかというと、日蓮が鎌倉時代の本化仏であったように、創価学会自体が現代の本化仏であるという主張が維持されているからです。

池田大作の死

2017年制定の創価学会会憲の前文に、「創価学会は、大聖人の御遺命である世界広宣流布を唯一実現しゆく仏意仏勅の正統な教団である。（中略）ゆえに戸田先生は、未来の経典に『創価学会仏』と記されるであろうと断言されたのである」とありますが、創価学会仏という言葉は1962年に池田による戸田の発言の記憶ということで発表されています。

総則には、牧口・戸田・池田の「三代会長」は「広宣流布実現への死身弘法の体現者であり、この会の広宣流布の永遠の師匠」であり、「先生」であることがうたわれました。池田は存命中に歴史上の人物となり、創価学会はマックス・ウェーバーがいうカリスマ的支配から合法的支配の時代に移行したのです。

日本における新宗教では、開祖（祖師）およびその系譜や血統を受け継ぐ教主によって継承され、血筋のカリスマが縮減していく過程において教団の弱体化を招いているのですが、創価学会は池田の晩年に組織宗教としての体制固めをした稀有な教団です。このような選択を池田門下の執行部がなしたのは、池田自身が創価学会の名誉会長およびSGI会長として4代会長以下の歴代会長に実権を渡さなかったことと、戸田がそうであったように弟子たちに競合させて組織的活力を維持する長期的戦略をとったからでしょう。

創価学会における「先生」のカリスマが誰にも渡されなかったことから、池田の弟子筋で個人としてカリスマを持つものが現れませんでした。しかも、創価学会、各国のSGI、公明党の組織が拡大・複雑化し、要職を占める創価学会エリートが多数になったことで、誰かが全権を掌握することは不可能になったともいえます。集団指導体制と組織内昇進の道筋もテクノクラート型になったことで、日蓮正宗の本仏論は、一部の熱烈な信者がいだいた池田本仏論を挟んで創価学会仏論として公式化されたのです。

さらにいえば、創価学会は公明党を通じて2、3年の周期で国政選挙を戦わなければならず、宗教側の指導者の意向を受けて動くよりも、政治組織として合理的な動き方を志向したのかもしれません。

宗教組織にカリスマが必要とされなくなり、執行部や職員上層部、国会議員や地方議員などの組織内エリート主導の組織となれば、組織は「先生」と会員の師弟不二の関係から、指導層と被指導層に階層分化が生じます。教団創設期からの数代にわたる信者家庭、要職を占める層や教団設立校などの学閥なども生まれるでしょう。

池田は10年以上前から表舞台に姿を見せなくなり、創価学会は池田を永遠の指導者としてまつり上げながら、集団指導体制に移行しました。２０２３年11月15日、公明党の創始者でもあった池田大作は95歳で急逝し、創価学会は新時代に完全移行しました。

敗戦国からの成功物語

創価学会の歴史・物語が完結を迎えたということは、戸田と池田が会長として創価学会員に夢を語り、道しるべとしてきたことがらが実現したということです。立正安国という日蓮の教えに従えば、正法を立てるというのは国立戒壇を要しない広宣流布であり、安国の方法は政権与党として公明党が国政に参画し続けることと、地方政治では公明党議員が創価学会員のために御用聞きとして福祉社会を実現することに落ち着いています。どちらも、法華系伝統教団や新宗教教団が実現できなかった水準で効果を上げたことは確かです。

しかしながら、この項ではあらためて創価学会が日本人のどのような社会意識に働きかけて多くの人々と一緒に物語を作り上げてきたのかを確認しておきましょう。あらかじめ結論的なことをいえば、敗者の国であった日本に最も欠落していた「勝利」と「幸福」を会員に提供できた「成功者」の物語は、創価学会ばかりか日本社会にとっても桎梏《しっこく》となるでしょう。そして、人口減少社会＝日本の長期的衰退という時流に棹《さお》さすものとなります。そのことを理念と政策の両面で述べることにします。

第二次世界大戦が終わり、サンフランシスコ平和条約で主権を回復するまで、日本は敗戦国の悲惨さを味わいました。焦土と化した日本において、都市住民、働き手を失った農村の人々、戦災孤児と引揚者の生活は惨めであり、精神的に敗者であることを拒絶したとしても、戦後民主主義を勝ち取った実感を持てた人たちはわずかだったでしょう。そのことが日本の保守陣営にとって誇りの回復や歴史修正主義への根強いこだわりとなり、経済力が低迷した失われた30年の間にさらに強化された日本の精神性や「日本すごい」といった内向的なモノローグにも続いています。前章で示したとおりです。

戦前と比較して戦後の闇物価は数百倍となったものもあり、恒産を持たない庶民は文字どおり一文無しの敗者として生活を回復して行かざるをえませんでした。政府が下士官クラスの旧軍人・軍属に対して恩給を出し、戦没者の合祀によって国民国家のために殉難した人々の名誉まで回復したのに対して、一般国民に対する福祉政策は1963年の老人福祉法まで待たなければなりませんでした。

世の多くの人々の精神的な空白を埋めたのは、叢生《そうせい》した新宗教や会堂が信者で溢れたキリスト教会でした。人々は生き残ることを最大限の望みとし、生活の糧となるものと精神の活力を求めていたのです。創価学会が提供した「幸福になる」という理念と現証たる信仰の現世利益は、まさしく人々のニーズに合致するものでした。そして、創価学会の生き残り、成長するという行動戦略は、「勝利」という個人における幸福と国立戒壇をめざす政治進出へのスローガンともなったのです。勝利こそ、敗戦国日本に最も欠乏していた文化資源です。

創価学会の行動理念と戦略を考察するには、日蓮正宗の王仏冥合や国立戒壇といった宗教的理念のみならず、創設期の指導者や幹部、会員が保持していた集合的記憶に根ざした生存への欲求や歴史感覚に注目する必要があります。

戸田による創価学会の組織化は、焦土からの復興を夢見る青年たちに理念と組織戦術を提供しました。自分たちが絶対に負けない側に立つ目標として立正安国と国立戒壇が掲げられ、政治宗教としての創価学会の原型が形成されたのです。池田は戸田と青年たちが構想したユートピアを永遠のものとするために、日本のなかに創価学会という巨大な政治宗教の世界を構築し、それを成長・維持させるために政権と交渉し、野合してきたともいえます。

創価学会広報誌は青年信者を鼓舞し続け、SGIは世界宗教として展開しているように見えます。月刊誌『大白蓮華』では、いまもって北海道を三代城として、牧口・戸田揺籃《ようらん》の地、池田が弘教《ぐきょう》拡大と正義の人権闘争の歴史を刻んだ舞台としているのです。「師弟不二の共戦譜」という連載企画において「池田先生」による青年部総会、支部幹部会、地域の文化会館訪問などが語られ、北海道長と北海道婦人部長は、小樽問答や夕張炭労事件を黄金の共戦譜として生命に刻むことを誓い、企画全体は、「師弟共戦とは弟子が師に勝利を報告することだ」と結ばれています（聖教新聞社、『大白蓮華』851：8－41、2020年9月号）。

直面する3つの問題

しかしながら、今後も創価学会は常に勝利し続けられるのでしょうか。次の3つの問題に直面しているように思われます。

① 政策

第一に、ポジティブな面とネガティブな面が合わせ鏡となった公明党の政策です。創価学会＝公明党が1999年以降の自公連立政権として体制側に参与することで、政治宗教としての基盤を盤石なものにし、マスメディアからも批判を受けにくい地位を確立することに成功したのは確かです。

しかし、東アジアにおける日韓中の政治的緊張のなかで、公明党は2015年に自衛隊法等を改正する平和安全法制成立に賛成し、創価学会信者から反発・批判を招きました。創価学会＝公明党が選挙戦で掲げる大義名分が、人権や平和から政権与党としての既得権確保にずれてしまったことで、一般会員と学会幹部との間に組織目標のギャップが拡大してきたといわれます。勝利感を味わうだけで満足できた創設期の会員と、平和がデフォルトの現世代会員との意識差といってもよいかもしれません。

② 再配分

第二に、公明党が政権与党であるからこそ、庶民に財の再配分をなすことができるという対社会的アピールの妥当性が薄れてきています。実のところ、日本のほとんどの政党が給付政策による選挙戦勝利を戦術としており、自民党は支持率が低迷すれば減税より現金給付政策を行い、野党は消費税廃止まで言い出す始末です。

日本社会全体が少子高齢化・人口減少によって縮小化傾向にあり、しかも日本経済と国民所得が実質的に伸長しないなかで歳出のみ増やすのは、未来世代に借金を遺すだけです。日本がいまだに経済大国であるかのように気前よく分配の政治をめざす革新政党や公明党の政策には、都市中間層や若者世代から疑問符が突きつけられています。

経済成長の時代に公正な配分を求めて体制側に強く要求することは、理にかなった社会運動のあり方でした。しかし、約30年間の低成長の時代に家族・労働・地域社会のあり方が急速に変化し、経済成長期に確立した社会保障と配分の政治を維持することができなくなっています。それにもかかわらず、増大する社会保障関連経費を増税でまかなわない日本の財政において、累積債務は国内総生産の2倍を超え、政府予算を軍事費に注ぎ込んだ太平洋戦争末期に近い値です。

この状況では、日本経済の成長に疑問符がついた時点で円や国債のさらなる下落につながり、物価高騰で国民生活を圧迫し、高齢者世帯の貯蓄を大幅に目減りさせ、自助努力を不可能にするでしょう。高齢化率が30％に近づく日本において、年金の受給額を上げ、医療費・介護費用の負担額を下げることはありえないので、財政の健全化はハイパーインフレを未然に防ぐために是非とも必要な施策です。

しかしながら、政権与党は１９９７年の財政構造改革法、２０１２年の社会保障・税一体改革の関連法案などを定めたにもかかわらず、２０２０年から２０２２年の新型コロナウイルス対応で歳出が青天井となったことを典型に、財源のめどをつけずに債務化する政策を実行してきました。

いずれにしても、日本の未来世代に重い負担を強いることになります。消費税の税率引き上げや高齢者の医療費負担増に反対する公明党の政治が、現在世代の既得権確保にしかならないのではないかという懸念が拭えないのです。

創価学会＝公明党が自教団のサバイバルや成長戦略を考える時期はとうに過ぎたでしょう。創価学会員の夢であった幸福になること、勝利することは、戦後日本人の願望そのものだったかもしれません。しかし、このような集合的記憶に働きかけ、体制側に配分の政治を交渉するという理念も戦略も時代にそぐわないのです。

③　宗教二世

第三に、創価学会にも宗教二世問題が出始めていることです。宗教二世問題については、統一教会問題の一つとして当事者が声を上げたことでメディアが注目し、エホバの証人の二世信者からも、むち打ち、輸血拒否、家族との断絶（忌避）、学校行事への不参加表明など児童虐待が組織的強要として行われてきたことが指摘されました。

評論家の荻上チキによる宗教二世ネット調査では、統一教会の二世信者の3倍以上のエホバの証人の二世信者、9倍以上の創価学会二世信者からの回答が寄せられました。宗教人口の比較でいえば、創価学会の信者は統一教会信者の200～300倍はいるでしょうから、9倍という数字は控えめかもしれません。

親や祖父母の代から創価学会の信者である青年たちは100万人の単位で存在します。そのうちの一定数が家族で信仰を継承することに疑問を持ち、信仰を持つ持たないを含めて自分自身の選択で決めたいと願っています。そして、信仰を継承するにしても、親世代の布教活動や選挙活動に専心する生活までは無理だという青年たちもいます。また、公明党の自民党寄りの政策に疑問を持ち、立党当時の平和活動や福祉を中心とした政治活動に戻ることや、池田先生の教えはこうではなかったという信者たちも出ています。

法華・日蓮宗系仏教団体の特徴は、日蓮という人物への帰依や信仰であり、教えの法脈が多数の宗派となっています。創価学会においても師弟不二の精神は3代会長までと会憲で規定してしまっているために、現在の会長や幹部たちに人格的に傾倒したり、創価学会本体に忠誠を誓ったりする度合いは、池田時代の終わりとともに漸減するでしょう。

公明党が抱える矛盾

選挙戦においても、会員に無理が利かない体質に徐々に変わっていることが予想されます。公明党の集票力は、創価学会の組織的な動員力に依拠しているのですが、公明党の政治活動次第ではそれを補うこともありえるし、逆にさらに落とすこともありえます。

そして、集票力の陰りが、自民党がパートナーを公明党から与党入りをねらう国民民主党や日本維新の会に切り替える可能性につながります。そうしたときに、政権与党であることの既得権益を訴えることで創価学会員を納得させることはできず、あらためて創価学会の理念に立脚した政党であるかどうかが創価学会員から問い返されることにもなるでしょう。

公明党議員は選挙の地盤を完全に創価学会に依存しています。教団から適任ではないとみなされれば政治生命を即座に失うという意味で、不適切な行動の抑止体制はほかの政党より整っているでしょう。

しかし、公明党に有力な人物がいるかいないかということ以上に、党の掲げる以下の理念の実現が自公政権において可能かどうか、連立に葛藤や矛盾がないかどうかのほうが深刻な問題です。

- 子育て・教育こそ希望……コロナ禍の痛みを軽減するために国民一人当たり、子ども一人当たりの一律給付という政策を実現しましたが、財政再建に対する関心はほかの政党と同様に極めて薄いように見えます。未来世代のことが見えていないのです。
- 「平和の党」が金看板……日本の安全保障政策が日本国土を戦場に変えることがないかどうか、台湾有事に対する対中国政策、ロシア－ウクライナ戦争におけるウクライナ支援、ガザ（パレスチナ）侵攻を行うイスラエルへの対応など、種々の事態に即して具体的に考えると、現政権の外交政策・防衛戦略に同意するだけでよいのでしょうか。
- 「大衆福祉」の推進力……労働者の非正規化や個人事業請負化といった雇用関係の自由化を一方で進めながら、生活の保障や福祉を強化するという政策に矛盾はないのでしょうか。

・小さな声を、聴く力／原発に依存しない社会……福島第一原子力発電所のメルトダウン以降も、原発施設の地震被災可能性や核燃料廃棄物の行き先が決まらないまま再稼働に踏み切る自民党に同調することでよいのでしょうか。こうした問題について、公明党は強い意見を自民党にいえていないように見えます。

これらの諸問題は、公明党が本来の理念や目的の異なる自民党と政策をすり合わせ、調整しているために矛盾として生じていることです。野党として批判に専念するよりも、政権の内部で改善を行うほうがより生産的であると判断しているのかもしれませんが、十分にその成果が見えていません。これらの問題を創価学会員のみならず一般市民に説明することは、なかなか難しいと思われます。

公明党が確立した政党として今後何をめざしていくのか。創価学会や歴代会長を外護した時代と、中道政党として他党と合従連衡して権力をめざした時代を経て、日本政治の中枢において政策実現の実力を持ち始めた現在において、政党として生き残ること以上の目標を公明党は持っているのでしょうか。

「立正安国」は実現されたのか

創価学会と公明党の指導者や担い手にとって、戦前の抑圧経験から圧殺されないよう巨大化すること（成長主義）と、政権との関係維持（政治参加）は初期の動機づけでしたが、高度経済成長期に教団の成長がすなわち政治力になるという予想以上の成功を収めて現在に至りました。

選挙で勝利することは、教団活性化に寄与するのみならず、国政において創価学会のボリュームゾーンであるかつての中下層の国民や地方政治において結集軸となり、学会員コミュニティへの社会福祉的配分にも成功しています。そして政権与党の一翼を担う政党を有する日本最大の宗教団体となっているのです。この成功体験が創価学会の強みでしたが、特定の時代状況に適合した成長戦略には限界があります。

成功体験が準拠枠や行動選択の経路となり、時代状況に対応できなくなる可能性は、自民党と同様、公明党にもあります。創価学会について述べるならば、幹部たちは勝てる戦略を変更する必要性を誰も感じないでしょう。既存の学会組織という選挙マシーンをフル活用すれば、学会員の数だけ固定票を確保でき、さらに支援者票獲得に向けて活動する会員にも期待できます。そして、公明党の地方議員と国会議員が学会員の福祉のために活動し、創価学会は学会員の幸福実現を実質化できるのです。

ただし、これは日本社会に財を配分する余裕がある時代の戦術です。余裕がなくなれば、ゼロサムで奪い合いになるか、未来世代の資産を先食いするだけになってしまいます。何もこれは創価学会だけに限ったことではなく、既存の企業や省庁、政党や教団が自己の組織のサバイバルを優先することで、日本社会の持続可能性が危機にさらされます。

創価学会はすでに述べたように、日本の既成宗教や新宗教といくつかの点において異ります。しかしながら、日本社会との共通性について述べれば、戦後における民衆・大衆の願望であった生き延びること、幸せになるという願いを明確にとらえた現世利益型在家仏教として始まり、成長・成功・繁栄・勝利の夢を数十年にわたって数百万人の人々と一緒に見てきたわけです。創価学会員の夢は日本の民衆・大衆の夢でした。社会全体が成長する時代において階層的な利害を押し出して配分の政治を主張するのは、公明党のみならず共産党などの政党が行ってきたことでした。

しかしながら、人口減少・経済力減退の時代においても、なお配分の政治を主張するのであれば、どこから資源を調達してくるのか、限りある資源をどう配分するのかという公共的な議論を先行させるべきです。政権与党という立場にありながら、財政の健全化よりも現金給付など特定階層への配分の政治を優先させる選挙戦術は目に余ります。

創価学会は公明党という政治組織を活用することで、日本社会のなかに王仏冥合となる部分社会を形成することに成功し、この部分社会は政権与党を橋頭堡として全体社会にも影響力を行使する状況になっています。そうであれば、その自覚と責任をこの創価学会に促すことはあながち過大な要求ではないでしょう。

最後に、一つの問いを立てて本章を終えようと思います。創価学会によって部分的に成し遂げられた王仏冥合のあり方を法華系仏教団体はどのように評価するのか。日蓮のとなえた立正安国の理念は、現代においても妥当するのか真剣に問い直すべきです。永遠に実現されない目標は理想主義的に語ることが可能です。しかしながら、王仏冥合に関しては現実的な姿で日本社会にあるわけです。

日蓮は法華経という正法を日本に具現することを夢見て迫害に耐え、身延の山中で晩年を過ごし、病を癒やす旅の途中で生涯を終えました。その教えは法華宗や日蓮宗の各宗派や、宗派の講組織から派生・発展してきた創価学会や冨士大石寺顕正会などに継承されています。

冨士大石寺顕正会は、1957年に浅井甚兵衛によって妙信講として結成された富士大石寺の講組織であり、創価学会とほぼ同列にありました。日蓮正宗では創価学会は一信徒組織、顕正会は法華講支部と認識していました。しかし、顕正会は1972年に創価学会が大石寺に正本堂を完成させ、本門の戒壇としたことに対して創価学会と論争し、一方で大石寺は、国立戒壇の名称を使わないという指導に従わなかったという理由で1974年に顕正会に講中解散を命じます。

1970年に創価学会と日蓮正宗が政教分離に関する誤解を招くとして国立戒壇論を取り下げ、大石寺内に建立される正本堂が事の戒壇に相当と解釈変更したことにこの論争は端を発したものです。その後、顕正会は変わらず国立戒壇論を護持し、初代会長の浅井昭衞《しょうえい》が2004年に『日蓮大聖人に背く日本は必ず亡ぶ』を発刊、『顕正新聞』において繰り返し日蓮正宗教学に基づき正法への帰依を主張してきました。

現在、教勢を公称240万人の新宗教教団に発展させたとしていますが、高校生や大学生に対する強引な布教や引き留め方法が社会問題化し、警察が顕正会本部や会館などを家宅捜索する事件が頻発してきました。

顕正会は、創価学会が1950年代から1960年代にかけて行った折伏を現在も行い、日蓮正宗原理主義の教学と広宣流布をやめず、当の日蓮正宗も持て余すに至った教団です。注目すべきは、宗教組織と政治組織を分化させて社会適応しながら王仏冥合を部分社会で実現した創価学会と、原理主義的な主張をおろさなかった顕正会が、ともに日本社会において一定数の信者獲得に成功している点です。

浅井昭衞は2023年10月16日、91歳で亡くなりました。2023年は、奇しくも現代日本の宗教シーンにおいて伝統宗教や新宗教が教勢を落とすなか、教勢を維持し続けてきた創価学会の池田大作、顕正会の浅井昭衞、そして幸福の科学の創設者で総裁の大川隆法(2023年3月2日死去)が亡くなった年です。

宗教界において一時代を築き上げてきた人物たちが相次いで旅立っています。今後を託された現世代が、現代社会において何が求められているのかから教団の舵取りを行うのであればよいのですが、従来のやり方を継続し、自教団のサバイバル戦術を継続するようでは日本の将来がさらに暗くなるといわざるをえません。

終　章　政治と宗教が癒着したままでいいのか

サバイバルの時代における保守の混迷

統一教会問題が盛んにメディアで報道された2022年から2023年にかけて、私は国内外のメディアから数十件以上の取材を受けてきました。「日本の政治と宗教の関係はどうなっているのか」「政治と宗教は癒着しているのか」、それをどう思うのかという質問が数多く寄せられました。

そのなかで、日本の記者からはほとんど聞かれず、イギリス、フランス、オランダ、ドイツ、スウェーデン、アメリカ、カナダ、オーストラリア、そして香港、韓国のメディアから必ずといっていいほど出された質問があります。

「安倍元首相は日本のナショナリストだと思っていたが、どうして韓国のナショナリスト団体の統一教会を長年支援したのか」「安倍派をはじめ保守といってよい多数の自民党政治家は、なぜ統一教会関連団体から支援を受けてきたのか」、矛盾していないかという質問でした。

事実、統一教会と関連団体は、霊感商法や高額献金で調達した資金の大半を韓国の本部に送り、日本人女性信者約7000人を（半数以上が非信者で結婚難を抱えた）韓国人男性の配偶者として渡韓させせました。日本の国益と日本人の人権が侵害されたのです。にもかかわらず、それを問題視しないばかりか、支援までした日本の保守政治家というのはどうなっているのだというシンプルかつクリティカルな疑問です。

実は、日本の右派と呼ばれる政治団体や思想団体、あるいはネトウヨも、統一教会への対応は同じく等閑視であり、この2年ばかりのあいだに問題となってもさしたる意見表明すらありません。これも不思議なことです。私は、近年における日本の保守政治家や保守を名乗る諸団体は、プライドとして保守の看板をあげているにすぎず、国益や国民の権利のために汗をかいているのかどうか、怪しいところがあると考えています。

本書で繰り返し述べてきたように、自民党は選挙戦のために宗教団体や思想団体を利用し、利用されたほうもその関係を使って政治権力に近づくことを期待していました。「接点はあったが関係はしていない」「支援は受けたが、それだけ」といった義理も人情もない政治家を誰が推し続けるでしょうか。返礼がそれなりにあったとみるべきでしょう。そうすると、国税を使って特定の政策を推進すれば、「推していない」国民の資源を用いて

「推してくれる」諸団体に便宜を図る仕組みが生まれるのではないでしょうか。

日本が少子高齢・人口減少社会化し、地域や経済社会から活力が徐々に失われてきたこの20年あまりの間に、政党も宗教団体も既得権益の確保に走ってしまった傾向が見られます。その結果、短期的な戦略が優先され、政治も宗教も理念や長期的展望を優先できない桎梏が生じているのではないでしょうか。現在の自分たちの利益を最優先して、未来世代へ負債を残すのが保守政党や宗教政党のあり方であるとしたら、そのサバイバル優先の発想は批判されるべきものです。

宗教が政治に果たす役割

政治家や政党に頼りにされる宗教とは、現在のところ、後援や推薦を出してくれる教団、具体的な支援活動をしてくれる教団、選挙協力ができる強力な教団です。これができない教団は政治家の眼中にないでしょう。頼りにされる教団は、政治家に認められた団体としてその信者は誇らしいかもしれません。社会的な承認を得にくい教団ほど、祝電や後援会での挨拶・激励など政治家の承認はうれしいものです。自民党の幹部が統一教会の支部教会や関連団体の集会にお付き合いしてくれれば、教団が信者の動機づけを強化するうえで効果的です。

しかしながら、信者は政治に使われることで、同時に教団に使われることにもなります。選挙戦での電話かけ、街頭演説への動員、事務所での手伝いなどに追われます。これは統一教会の信者、創価学会の信者ともにいえることであり、それによって充実感を得たり、社会的承認や勝利感を満喫できたりするかもしれません。他方で、選挙において特定の候補への投票を依頼することで友人関係や近隣関係が変わってしまうこともあるでしょう。それ以上に、信仰を深める学習や身体経験を積む時間が削られたり、自教団以外の宗教や市民との交わりの機会が少なくなったりすることも看過できません。

教団としても政治への参画という一般的な意味ではなく、現政権と深く結びつくことで体制批判的な発想は当然持ちにくくなり、現実政治を宗教理念より優先せざるをえない場合も出てきます。創価学会の平和思想と、次期戦闘機の第三国輸出の容認を自公政権が閣議決定レベルで行ったことには乖離《かいり》があります。権力の側にいてこその歯止めという大義名分はあっても、現実の政治に飲み込まれる可能性が否めません。

現在の政治や社会情勢を後追いで承認する姿勢は教団宗教一般に顕著であり、性・ジェンダーの多様性、SDGsなどは追認するものの、宗教界による現代社会の診断や未来への提言があまり聞かれないのはいかがなものでしょうか。むしろ、世の中の種々の利害関係にとらわれ、長期的な展望が見いだしにくい世俗社会に対して、宗教ならではの視点で建設的な社会批判を行うことが求められています。

もっとも日本の場合、政治家とともに宗教家に対する社会的信頼は他国と比べて極端に低く、批判的提言など期待されていないのかもしれません。現実の宗教団体は旧態依然とした家父長制的観念にとらわれており、変わりゆく現代社会に追いつくのが精一杯ではないかといったジェンダー論からの批判もありますし、「宗教二世問題」として浮上してきた宗教文化や信仰の継承に疑問符がつけられることもあります。おおかたの教団宗教は伝統宗教であれ、新宗教であれ、現状維持や既得権益の確保を図っているとされるのであれば、それは本書で扱った政治宗教に対する批判があてはまります。

どうしてこうなってしまうのか。宗教のあり方について公共的な議論がなされないことに原因があるのではないでしょうか。

批判こそが宗教の信頼性を増す

日本では、宗教それ自体がパブリック（公共的）な存在とは市民に認められておらず、宗教施設は信者たちが自らのために建設した施設という認識です。それが公共の用途に充てられるのは、施設の長の判断で災害発生時における緊急避難所となったり、諸行事や祭礼、イベントの開催時に一般市民を招き入れたりしたときに限定されるでしょう。日常は私的空間で私的諸行事や活動が行われているのだから、他人がそのなかに立ち入ってとやかくいうことはない。それが信教の自由だという意識が強いのです。

宗教者も似た意識を持っており、同業のよしみもあって他教・他宗の批判をしたがりません。ところが、統一教会も創価学会も自分たちこそ唯一無二の神や仏に選ばれた教団であるといって布教活動をこれまで続けてきました。その結果、統一教会は政治家との強力なパイプを築き、創価学会＝公明党は日本社会に立正安国の部分社会を形成するに至りました。この両教団や日本会議に属する諸教関係者のケースにおいて、政治への働きかけ方に問題はなかったかと、異議を申し立てているのが本書です。

なぜ、あたりの強い教団に対して一宗教研究者の私がとやかく言い立てるのかというと、本書で取り上げた統一教会と関連団体、日本会議、創価学会が日本社会に与える影響は、日本のそのほかの宗教が与える影響と比較にならないほど大きく、それがポジティブなものであれネガティブなものであれ、見過ごすことができないからです。

宗教研究者が教団宗教に対して活動の評価をなすことは稀です。評価を交えると学問の中立性や客観性が担保されないという意見もあります。しかしながら、研究者や大学人も一社会人であり、日本の生活者です。日本の未来社会や未来世代に対して責任もあります。だからこそ、現代宗教の諸活動に対して是々非々で建設的な社会批判や提言を行うべきなのです。問題を見過ごせば、禍根《かこん》を遺します。

信教の自由であるからといって、信じている事柄がすべて尊いわけではありません。その思想信条が社会に表れ、人々へ働きかけ、社会に一定の効果や影響を与える場合、それらを評価することは不可欠です。これらのことを学術的な裏づけをもって行ってこそ専門家ではないでしょうか。批判的な視線にさらされることでこそ、宗教団体は磨かれていき、創造性を発揮すると私は考えています。それがあまりに少ないために、日本では宗教の規範性や信頼性が低くなったのではないでしょうか。

宗教に対しては外部だけではなく、内部からの批判もあります。そうした批判を押し殺してイエスマンだけで固めた一見強固な組織は、実はもろいものです。環境や状況の変化に対応できず、柔軟性に欠けるのです。異論・異見をいう人間を大事にすることで、政界も宗教界もまだまだ変われます。そのために、批判に対して聞くに値するものがあるかを検討するという大人の対応が必要でしょう。

政治宗教に対する批判を聞くだけの耳を持っている人々がいることを期待して、本書のむすびとします。市民の読者の方々にも、現代宗教への批判的なまなざしを期待します。

おわりに

信教の自由とは、信じる、信じない、何を信じるか、どう信じるかを自分で決めていいということです。そのために、信教の自由に基づいた宗教活動の自由が認められる一方で、布教・教化において他者の信教の自由を侵してはならないという内在的制約が規範として生じます。宗教が政治（国家）の力を利用して特定の信念を市民（国民）に拡大しようとしたり、政治（国家）が宗教の力を利用して特定の信念を市民（国民）に強制したりすることがないように、政教分離が憲法第20条で定められています。

戦後の日本において、信教の自由と政教分離は不可分の関係にありながら、現実の政治や教団の活動において必ずしも憲法で保障された人権の擁護や公益が実現されてはきませんでした。

本書では、そのことを憲法や法社会学的な抽象度の高い議論からではなく、具体的な事例から読み解いてきました。政党や政策集団と教団宗教が、互いの利益とサバイバルのために市民の人権や国益をないがしろにするような癒着にはメスを入れなければなりません。政治と宗教は、思想と施策の両面において緊張感をもって対峙するような関係にあるべきではないかというのが、私の提言です。

本書の内容は、すでに拙著や拙編著『アジアの公共宗教　ポスト社会主義国家の政教関係』(北海道大学出版会)、『統一教会　性・カネ・恨《ハン》から実像に迫る』(中公新書)、『創価学会　政治宗教の成功と隘路』(猪瀬優理と共編、法藏館)で発表してきた政教関係の分析をふまえています。議論の骨子をなるべくコンパクトにわかりやすく伝えようとしました。私の研究に着目してくれた編集担当の小林駿介氏と朝日新聞出版の刊行への判断がなければ、本書のようなまとめ方はできなかったでしょう。政治と宗教の関係について市民の関心が高い時期に出版できたことは幸いです。現代の政治や宗教をめぐる諸問題を考える際に、思考の補助線として参照していただければ筆者として喜ばしい限りです。

2024年9月

櫻井義秀

参考文献

第1章

赤澤史朗、2015、『戦没者合祀と靖国神社』吉川弘文館。

粟津賢太、2017、『記憶と追悼の宗教社会学　戦没者祭祀の成立と変容』北海道大学出版会。

池澤優編、2018、『政治化する宗教、宗教化する政治』岩波書店。

磯前順一、2003、『近代日本の宗教言説とその系譜　宗教・国家・神道』岩波書店。

櫻井義秀、2022、『東アジア宗教のかたち　比較宗教社会学への招待』法藏館。

櫻井義秀・猪瀬優理編、2023、『創価学会　政治宗教の成功と隘路』法藏館。

島薗進編、2023、『政治と宗教　統一教会問題と危機に直面する公共空間』岩波新書。

島薗進編、2023、『これだけは知っておきたい統一教会問題』東洋経済新報社。

塚田穂高、2015、『宗教と政治の転轍点　保守合同と政教一致の宗教社会学』花伝社。

永岡崇、2015、『新宗教と総力戦　教祖以後を生きる』名古屋大学出版会。

中野毅、2003、『戦後日本の宗教と政治』原書房。

日本政治学会編、2013、『宗教と政治』木鐸社。

三土明笑、2023、『間違いだらけの靖国論議』あけび書房。

第2章

浅見雅一・安廷苑、2012、『韓国とキリスト教　いかにして〝国家的宗教〟になりえたか』中公新書。

有田芳生、1990、『原理運動と若者たち』教育史料出版会。

久保木修己、1988、『久保木修己講演集』光言社。

郷路征記、2022、『統一協会の何が問題か　人を隷属させる伝道手法の実態』花伝社。

国際勝共連合、「国際勝共連合55年の歩み」https://www.ifvoc.org/history/　2024年7月1日最終閲覧
櫻井義秀、2023、『信仰か、マインド・コントロールか　カルト論の構図』法蔵館文庫。

鈴木エイト、2022、『自民党の統一教会汚染　追跡3000日』小学館。

世界基督教統一神霊協会、1967、『原理講論』光言社。

世界基督教統一神霊協会歴史編纂委員会編、2008、『日本統一教会　先駆者たちの証言①』光言社。

文鮮明・韓国歴史編纂委員会、2000、『文鮮明先生御言精選　真の御父母様の生涯路程④』光言社。

山口智美・斉藤正美、2023、『宗教右派とフェミニズム』青弓社。

櫻井義秀、2023、『統一教会　性・カネ・恨（ハン）から実像に迫る』中公新書。

櫻井義秀、2024、『明解 統一教会問題　宗教に無関心の人も宗教者でも知らなかった事実』興山舎。

櫻井義秀・中西尋子、2010、『統一教会　日本宣教の戦略と韓日祝福』北海道大学出版会。

まほろば教育事業団、「親守詩を作ってみよう」https://mahoroba-ed.org/pdf/oyamori/oyamori_public_contribution2.pdf?210628　2024年7月1日最終閲覧

第3章

A・R・ホックシールド、布施由紀子訳、2018、『壁の向こうの住人たち　アメリカの右派を覆う怒りと

嘆き』岩波書店。

青木理、２０１６、『日本会議の正体』平凡社新書。

赤澤史朗、２０１５、『戦没者合祀と靖国神社』吉川弘文館。

朝日新聞社会部、１９８２、『「政治」の風景』すずさわ書店。

李元範・櫻井義秀編著、２０１１、『越境する日韓宗教文化　韓国の日系宗教 日本の韓流キリスト教』北海道大学出版会。

大塚健洋、１９９５、『大川周明　ある復古革新主義者の思想』中公新書。

桂島宣弘、２０１９、『思想史で読む史学概論』文理閣。

川田稔、２０１６、『石原莞爾の世界戦略構想』祥伝社新書。

神道政治連盟、http://www.sinseiren.org/　２０２４年７月１日最終閲覧
菅野完、２０１６、『日本会議の研究』扶桑社新書。

田辺俊介編、２０１９、『日本人は右傾化したのか　データ分析で実像を読み解く』勁草書房。

塚田穂高、２０１５、『宗教と政治の転轍点　保守合同と政教一致の宗教社会学』花伝社。

塚田穂高編著、２０１７、『徹底検証 日本の右傾化』筑摩書房。

中野晃一、２０１５、『右傾化する日本政治』岩波新書。

日本会議、「国民運動の歩み」https://www.nipponkaigi.org/activity/ayumi　２０２４年７月１日最終閲覧
日本ＪＣ 青木会頭補佐チームのブログ、「日本会議20周年大会」https://ameblo.jp/nipponshogai17/entry-12331965416.html　２０２４年７月１日最終閲覧
公益社団法人日本青年会議所、https://www.jaycee.or.jp/　２０２４年７月１日最終閲覧

樋口直人、2014、『日本型排外主義　在特会・外国人参政権・東アジア地政学』名古屋大学出版会。

フォルカー・ヴァイス、長谷川晴生訳、2019、『ドイツの新右翼』新泉社。

堀内一史、2005、『分裂するアメリカ社会　その宗教と国民的統合をめぐって』麗澤大学出版会。

マーク・ユルゲンスマイヤー、立山良司訳、2003、『グローバル時代の宗教とテロリズム　いま、なぜ神の名で人の命が奪われるのか』明石書店。

真鍋一史、2020、『宗教意識の国際比較　質問紙調査のデータ分析』北海道大学出版会。

三木英・櫻井義秀編著、2012、『日本に生きる移民たちの宗教生活　ニューカマーのもたらす宗教多元化』ミネルヴァ書房。

村上興匡・西村明、2013、『慰霊の系譜　死者を記憶する共同体』森話社。

森本あんり、2015、『反知性主義　アメリカが生んだ「熱病」の正体』新潮選書。

文部科学省、「改正前後の教育基本法の比較」https://www.mext.go.jp/b_menu/kihon/about/06121913/002.pdf　2024年7月1日最終閲覧
安田浩一、2012、『ネットと愛国　在特会の「闇」を追いかけて』講談社。

山口智美・斉藤正美、2023、『宗教右派とフェミニズム』青弓社。

山崎雅弘、2016、『日本会議　戦前回帰への情念』集英社新書。

山平重樹、1989、『果てなき夢　ドキュメント新右翼』二十一世紀書院。

横田増生、2022、『「トランプ信者」潜入一年　私の目の前で民主主義が死んだ』小学館。

Roger Friedland, 2002, 'Money, Sex, and God : The Erotic Logic of Religious Nationalism,' *Sociological Theory*, 20(3), 381-425.

第4章

浅山太一、2017、『内側から見る創価学会と公明党』ディスカヴァー携書。

猪瀬優理、2011、『信仰はどのように継承されるか　創価学会にみる次世代育成』北海道大学出版会。

佐木秋夫・小口偉一、1957、『創価学会　その思想と行動』青木書店。

佐藤優、2020、『池田大作研究　世界宗教への道を追う』朝日新聞出版。

塩原勉、1976、『組織と運動の理論　矛盾媒介過程の社会学』新曜社。

鈴木広、1970、『都市的世界』誠信書房。

創価学会教学部編、1962、『小樽問答誌　創価学会が日蓮宗身延派を粉砕 法論対決勝利の記録』小樽問答誌刊行会。

高木宏夫、1959、『日本の新興宗教　大衆思想運動の歴史と論理』岩波新書。

高橋篤史、2018、『創価学会秘史』講談社。

田原総一朗、2018、『創価学会』毎日新聞出版。

玉野和志、2008、『創価学会の研究』講談社現代新書。

塚田穂高、2015、『宗教と政治の転轍点　保守合同と政教一致の宗教社会学』花伝社。

中野潤、2016、『創価学会・公明党の研究　自公連立政権の内在論理』岩波書店。

中野毅、2003、『戦後日本の宗教と政治』原書房。

西山茂、2016、『近現代日本の法華運動』春秋社。

日蓮宗現代宗教研究所編、1996、『日蓮宗の近現代　他教団対応のあゆみ』日蓮宗宗務院。

日隈威徳、1971、『戸田城聖　創価学会』新人物往来社。

藤原弘達、1969、『創価学会を斬る』日新報道。
藤原弘達、1971、『続・創価学会を斬る』日新報道。
堀幸雄、1973、『公明党論　その行動と体質』青木書店。
牧口常三郎、戸田城聖補訂、1953、『価値論』創価学会。
村上重良、1967、『創価学会＝公明党』青木書店。
村上重良、1980、『新宗教　その行動と思想』評論社。
薬師寺克行、2016、『公明党　創価学会と50年の軌跡』中公新書。
立正大学日蓮教学研究所編、1957、『日蓮宗読本』平楽寺書店。
立正大学日蓮教学研究所編、1964、『日蓮教団全史 上』平楽寺書店。

櫻井義秀 さくらい・よしひで
1961年、山形県生まれ。北海道大学大学院文学研究科博士課程中退。博士（文学）。北海道大学大学院文学研究院教授。専攻は宗教社会学。著書に『東北タイの開発僧　宗教と社会貢献』（梓出版社）、『霊と金　スピリチュアル・ビジネスの構造』（新潮新書）、『人生百年の生老病死　これからの仏教 葬儀レス社会』（興山舎）、『東アジア宗教のかたち　比較宗教社会学への招待』（法藏館）、『統一教会　性・カネ・恨(ハン)から実像に迫る』（中公新書）、『信仰か、マインド・コントロールか　カルト論の構図』（法蔵館文庫）など多数。

朝日新書
971

宗教《しゅうきょう》と政治《せいじ》の戦後史《せんごし》

統一教会・日本会議・創価学会の研究

2024年10月30日第1刷発行

著　者　櫻井義秀

発行者　宇都宮健太朗
カバーデザイン　アンスガー・フォルマー　田嶋佳子
印刷所　TOPPANクロレ株式会社
発行所　朝日新聞出版
〒104-8011　東京都中央区築地5-3-2
電話　03-5541-8832（編集）
　　　03-5540-7793（販売）

Published in Japan by Asahi Shimbun Publications Inc.
ISBN 978-4-02-295281-3
定価はカバーに表示してあります。

落丁・乱丁の場合は弊社業務部(電話03-5540-7800)へご連絡ください。
送料弊社負担にてお取り替えいたします。

朝日新書

子どもの隠れた力を引き出す
最高の受験戦略
中学受験から医学部まで突破した科学的な脳育法

成田奈緒子

現代は子どもにお金と時間をかけすぎです！ 中学受験はラクに楽しく始めましょう。発達障害や引きこもりなどで筆者のもとに相談に来る子ども達の多くは、幼少期から習い事やハードな勉強をしていた。自分から「勉強したい」という気持ちが驚くほど高まる、脳を育てるシンプルな習慣。

日本人が知らない世界遺産

林 菜央

街並み、海岸、山岳鉄道……こんなものも世界遺産？／選ばれたために改築・改修ができなくなる／選挙事情に巻き込まれることも／ベトナムの洞窟で2日連続の野宿……世界遺産の奥深い世界と、日本人唯一の世界遺産条約専門官の波乱万丈な日々。遺産登録、本当にめでたい？

中高年リスキリング
これからも必要とされる働き方を手にいれる

後藤宗明

60歳以降も働き続けることが当たり前になる中、注目を集めるリスキリング。AIによる自動化、デジタル人材の不足、70歳までの継続雇用など、激変する労働市場にあって、長く働き続けるには何をどう変えていけばいいのか。実体験をふまえた対処法を解説する。

朝日新書

8がけ社会
消える労働者 朽ちるインフラ

朝日新聞取材班

2040年に1100万人の労働力が足りなくなる。迫り来る超人手不足の社会とどう向き合うか。取材班が現場を歩き実態に迫り打開策を探る「朝日新聞」大反響連載を書籍化。多和田葉子氏、小熊英二氏、安宅和人氏、増田寛也氏ほか識者インタビューも収録。

ロシアから見える世界
なぜプーチンを止められないのか

駒木明義

プーチン大統領の出現は世界の様相を一変させた。ウクライナ侵攻、子どもの拉致と洗脳、核攻撃による脅し……世界の常識を覆し、蛮行を働くロシアの背景には何があるのか。ロシア国民、ロシア社会はなぜそれを許しているのか。その驚きの内情を解き明かす。

電話恐怖症

大野萌子

「電話の着信音がなると動悸がする」「電話を人に聞かれるのが嫌」。近年、電話恐怖症が原因で心身症状が現れ、退職にまで追い込まれる若者が増えている。その背景には何があるのか。電話が嫌いでたまらない人へ、今日からできる対策法。大丈夫、きっと治せます。

裏金国家
日本を覆う「2015年体制」の呪縛

金子　勝

「裏金」がばらまかれ、言論を封殺し、縁故主義による仲間内資本主義（クローニーキャピタリズム）がはびこる日本社会。民主主義を破壊し、国際競争力を低下させ、経済の衰退を招いた「2015年体制」とは。負のらせん状階段を下り続ける、この国の悪弊を断つ。

宗教と政治の戦後史
統一教会・日本会議・創価学会の研究

櫻井義秀

安倍派と蜜月の統一教会、悲願の改憲をめざす日本会議、自民党とともに政権を握る公明党＝創価学会。草の根的な活動から始まった〝3大団体〟はいかに政界に近づき、社会を動かし、日本の姿をゆがめてきたのか。戦後政治史上最大のタブーに、第一人者が鋭く迫る。

デジタル脳クライシス
AI時代をどう生きるか

酒井邦嘉

デジタル機器への依存がもたらす脳への悪影響は、AIの登場でますます高まっている。「紙の本と電子書籍で読んだ後の記憶力の差」「タブレット入力と手書きの場合の認知度の差」など、脳科学者の研究成果に基づき、デジタル環境とどう付き合うべきかを示す。

「黒塗り公文書」の闇を暴く

日向咲嗣

モリカケなどの重大事件で注目を集めた黒塗り公文書だが、実は、地方自治体レベルでも日常的に黒塗りは行われている。市民が開示を求めた情報をどうして行政は黒塗りにするのか、黒塗りが許される理由は何か。黒塗りで隠された官民連携の闇に迫る。

戦国時代を変えた合戦と城
桶狭間合戦から大坂の陣まで

千田嘉博／著
平山　優／著
鮎川哲也／構成

浜松城、長篠城、小牧城、駿府城、江戸城、大坂城――歴史を変えた合戦の舞台となった城で何がわかってきたのか。研究を牽引する二人が城の見どころを熱く語り、通説を徹底検証。信玄、信長、家康、秀吉ら武将の戦術と苦悩を城から読み解く。